Landkreis Rendsburg-Eckernförde

Werner Scharnweber

Landkreis Rendsburg-Eckernförde

Reisebilder

Mit 222 Abbildungen

EDITION TEMMEN

Vom Meer bis in die Berge

Vielfältiger geht es nicht. Dieser Kreis Rendsburg-Eckernförde hat »einfach alles«. Als da wären: Die Ostsee mit Steilküsten, mit Flachküsten, mit weißen Sandstränden, mit der offenen Eckernförder Bucht und der schönsten Förde, der Schlei. Klare Binnenseen, verwunschene Noore, zwei Flüsse - die Eider und die Sorge, Bäche und Auen. Der Nord-Ostsee-Kanal für die Großschiffahrt, der »versteckte« Gieselau-Kanal für Sportboote dazu die Reststücke des historischen Eiderkanals. Hügeliges Land mit Wellen, Kuppen, Senken. Niederungen, Ebenen, Moore, Wälder. Knickgerahmtes Acker-, Weide- und Wiesenland. Kuschelige Siedlungen, gepflegte Dörfer, aktive Gemeinden, interessante kleine und größere Städte, geschichtsträchtige Adelssitze und Gutshöfe.

Berge auch. Berge? Ja doch, kartographisch amtlich so genannt und ausgewiesen: die Hüttener Berge. Der zugehörige Scheelsberg bringt es auf 106 Meter über NN. Für schleswig-holsteinische Verhältnisse schon fast »alpin«.

In unserem Kreis läßt sich's gut leben, wissen die Einwohner. Und prima Urlaub machen, sagen die Gäste.

Der Kreis in Stichworten*

Fläche:	2185,6 Quadratkilometer
- davon	
landwirtschaftl. genutzte Fläche	68,6 %
Wald	10 %
Wasserfläche	4 %
Einwohner (Stand 31.12.1999)	268.220
Einwohner per Quadratkilometer	116
Städte:	4 (Rendsburg, Büdelsdorf, Eckernförde, Nortorf)
Amtsfreie Gemeinden:	7 (Altenholz, Bordesholm, Gettorf, Hohenwestedt, Kronshagen, Schacht-Audorf, Westerrönfeld)
Besonderheit:	Ein hoher Anteil von 37 % der Bevölkerung lebt in kleinen Dörfern und Gemeinden mit weniger als 2000 Einwohnern.
Amtsverwaltungen:	19
Amtszugehörige Gemeinden:	166
Länge des Knicknetzes:	ca. 7800 Kilometer
Naturschutzgebiete:	14 mit 2028 Hektar
Landschaftsschutzgebiete:	49 mit 48060 Hektar

* Angaben nach Unterlagen, die die Kreisverwaltung im September/Oktober 2000 zur Verfügung stellte.

Typisch für den Landkreis: die Torhäuser der alten Güter. Hier das Torhaus zu Quarnbek.

Machen wir uns auf den Weg

Wer den Kreis Rendsburg-Eckernförde erkunden möchte, hat die freie Auswahl. Die Ostsee, die Schlei, die Ostseehalbinseln Dänischer Wohld und Schwansen, den Naturpark Westensee, den Naturpark Aukrug und den Naturpark Hüttener Berge. Eckernförde, Büdelsdorf und Rendsburg. Das Brahmseegebiet. Die Eider. Wittensee und Bistensee. Bordesholm, Nortorf und Hohenwestedt. Den Nord-Ostsee-Kanal, die Niederungsgebiete westlich von Breiholz, Hamdorf, Elsdorf-Westermühlen und Hohn. Viele feine kleine Dörfer und Gemeinden. Die »Westausbuchtung« des Kreisgebietes bei Hanerau-Hademarschen. Es gibt viel zu entdecken. Machen wir uns auf den Weg.

Zu jeder Jahreszeit schön... die Kirche von Brügge

KREUZ UND QUER
DURCH DEN LANDKREIS

Luft der Güteklasse »I a – plus«

Ostseeküste, Ostseestrand. Das allerschönste, allerbeste Natur-Dauerangebot für Strandlieger, Meeresschwimmer, Ostseeplantscher, Seeluftgenießer, Sandbuddler, Surfer, Brandungsangler, Aufs-Wasser-Gucker, Gesundheitsbewußte, Muschelsammler, Küstenjogger, Strandspaziergänger, Meeresromantiker.

Vom Ostseebad Strande und Ostseebad Schwedeneck die Küste des Dänischen Wohldes »rauf und runter«, vom Ostseebad Eckernförde die Schwansener Ostseeküste hinauf bis Schönhagen ist ganz, ganz viel Strand- und Küstenplatz für jeden. An Steilküsten und an Flachstränden, an feinsandigen und an steinigen Abschnitten, an gepflegten Kurstränden und an wild-romantischen, naturbelassenen Küstenbereichen.

Übrigens: Frische Ostseeluft hat Gesundheits-Güteklasse »I a – plus.«

365 Tage im Jahr. Bei jedem Wetter.

Wulfshagen

Das unmittelbar an den Gutshof angrenzende Gelände ist eine parkartige Landschaft. Mit uralten Eichen, die hier schon lange Zeit standen, als das Herrenhaus Wulfshagen vor mehr als 300 Jahren gebaut wurde. Sie könnten die letzten Zeugen sein vom »Isarnho«, dem berühmten »eisernen Wald«, der einst den gesamten Dänischen Wohld bedeckte.
Das zweigeschossige Herrenhaus - ein geputzter Backsteinbreitbau mit neun Achsen und hohem Walmdach - wurde 1699 für Andreas Pauli, Reichsherr von Liliencron, errichtet. Über dem Portal das Wappen der Familie von Qualen, Eigentümer von 1787 bis 1903.
Seither ist Wulfshagen im Besitz der gräflichen Familie zu Reventlow. »F« und »R« - diese Initialen im schmiedeeisernen Tor vor der Hofauffahrt weisen auf den heutigen Eigentümer hin: Friedrich Reventlow, vollständig: Friedrich Graf zu Reventlow.

Das Herrenhaus Wulfshagen (links) und die Einfahrt durch die beiden Torhäuser (oben)

Er und seine Frau, Gräfin Jutta zu Reventlow, haben es verstanden, Wulfshagen, eine der hervorragendsten Gutsanlagen des Landes, mit seinem weitgehend denkmalgeschützten Bautenbestand, in beeindruckend schöner, gepflegter Form zu erhalten.

Gut Wulfshagen bildet eine geschlossene Anlage. Der weite Hofplatz wird umstanden vom Herrenhaus, von niedrigen Verwalter- und Wirtschaftsgebäuden, von mächtigen, zum Teil reetgedeckten Scheunen.

Vor dem eigentlichen Gutshof liegen zwei kleine Teiche, in denen sich die beiden langgestreckten niedrigen Fachwerkbauten von 1788 beiderseits der Hofeinfahrt ebenso widerspiegeln wie eine prächtige Kastanie.

Beeindruckend: die mächtigen Scheunen (rechts)

Festival der Farben

Soviel Stadtausflügler erlebt die freie Landschaft sonst nie. Mitte Mai – der Raps blüht. Leuchtendes Gelb, gerahmt vom intensiven Frühjahrsgrün der Wiesen, der noch »jungen« Kornfelder, der Knicks. Darüber ein wolkenloser, lichtblauer Himmel.
Ein Festival der Farben.

Farbenfroh:
das blaue Haus in Gettorf

Gettorfer Farben

Eine knappe Fahrstunde weiter nördlich, im Königreich Dänemark, sind in bunten Farben leuchtende Häuser gang und gäbe. »Warum nicht auch in Gettorf?«, mag sich die Eigentümerin oder der Eigentümer des Hauses Eichstraße 14 gedacht haben. Und ließ Farben sprechen. Das Gebäude zeigt sich im schönsten Blau, einschließlich blauem Dach. Ein fröhlicher Farbtupfer im Ortsbild.

Einige Schritte weiter, Richtung B 76, erfreut den Spaziergänger eines der letzten Fachwerkgebäude Gettorfs. Mit seinen weißen Mauern und dem dunklen Balkenwerk wirkt das einstöckige Häuschen anheimelnd, »hyggelig« würden unsere Nachbarn im Norden, die Dänen, sagen.

Das moderne, architektonisch wohlgelungene Gettorfer Rathaus - Sitz der Gemeinde und des Amtes Dänischer Wohld - präsentiert sich in Ziegelrot. Die Fensterrahmen setzen mit einem freundlichen Blau dezente Farbakzente.

Die »wiedererstandene« Windmühle, gleich neben dem Rathaus, vereinigt drei Farben: Weiß im Gitterwerk der Flügel, dunkelschiefergrau in der Kappe und dem oberen, fein geschwungenen Aufbau, backsteinrot im Unterbau.

Auf dem Karl-Kolbe-Platz vor dem Rathaus dominiert Grün, Naturgrün der jungen Bäume.

»Teufel auch«

In Gettorf haben sie dem Teufel ein Denkmal gewidmet. Aus Bronze gegossen, steht der gehörnte Bösewicht mitten im Ort auf dem Alexanderplatz. Nicht etwa, weil die Gettorfer mit dem Satan viel im Sinn haben, oder gar mit ihm paktieren. Mit dem Gettorfer Teufel ist es eine seit langem bekannte, von Generation zu Generation weitererzählte Geschichte. Die lautet - in etwa - so:

Mit den Kirchen hat der Teufel stets in Streit gelegen. Verständlich, wird in den Gotteshäusern doch auch den Engeln gehuldigt. Und die haben dem Teufel bekanntlich schon häufig die Tour vermasselt.

In seinem Ärger hat der teuflische Bösewicht manchmal versucht, der einen und der anderen Kirche gehörig Schaden zu machen. Wie damals, als er den größten Findling des Dänischen Wohldes aufsammelte und ihn mit mächtigem Schwung Richtung Gettorfer Kirchturm warf. Der diensthabende Kirchenschutzengel war aber hellwach zur Stelle und bog den Turm ein wenig zur Seite. Gerade so viel, daß der tonnenschwere Teufelsstein haarscharf vorbeiflog.

Bei Ruckforde ist der Riesenfindling aufgeschlagen und liegengeblieben. Dort, an der Straße zwischen Revensdorf und Groß-Königsförde, kann er, von Eichen im Halbkreis umstanden, noch heute besichtigt werden.

Gettorf – 285 Einwohner

»Gettorf, großes Kirchdorf in Schleswig, bei Ekkernförde, 285 Einwohner.«

(Aus: *»Ritter's geographisch-statistisches Lexikon«, vierte Auflage, 1855.)*

Der Teufel in Gettorf (links unten) und der Stein, den er nach dem Gettorfer Kirchturm geworfen hat (links).

Das Häuschen unten könnte aus der Zeit stammen, als Gettorf nur 285 Einwohner hatte.

Weil der Engel den Gettorfer Kirchturm zur Seite bog, ist dieser etwas schief geblieben. Nur Leute, die nicht an Teufel und Engel glauben, behaupten, der Turm sei gar nicht schief. Das sähe infolge der Dachkonstruktion aus einer bestimmten Entfernung und einem bestimmten Blickwinkel nur so aus.
Gettorf-Besucher, die diese Geschichte nicht kennen, könnten den Bronze-Teufel falsch deuten. Deshalb ist die Sache mit dem mißglückten teuflischen Steinwurf auf einer Tafel kurz erläutert. Die Moral von der Geschicht: Das Böse verliert, das Gute obsiegt.
Einem Urlauber entfuhr beim ersten Anblick des »Herrn der Unterwelt« spontan dieser Ausruf: *»Teufel auch!«* Dem läßt sich nicht widersprechen.

Wege wie früher

Es gibt sie noch, sogar ziemlich viele und fast überall im Kreisgebiet. Die schmalen Wege, die »wie gewachsen«, oft kurvenreich durchs Land führen und die nicht gepflastert, betoniert, asphaltiert oder anderweitig versiegelt wurden. Sondern – wie man sagt – nur wassergebunden sind. Richtig schöne Feld- und Wirtschaftswege sind es, wie früher.

Manche dieser Weg-Kostbarkeiten sind als »offizielle« Wanderwege ausgewiesen. Andere nicht. Zum Wandern, Spazierengehen, Radfahren eignen sich die einen so gut wie die anderen.

Selbst zur Urlaubs-Hochsaison sind diese Wege nicht überlaufen. Oft ist man allein mit sich und der Natur.

Rechts: Siedlung Imbrook in Neuwittenbek

Kunterbunt und fröhlich

Es gab Zeiten, da entstanden manche Einfamilienhaus-Neubausiedlungen total uniform: ein Häuschen genau so wie das nächste. Und in einer geraden Reihe, an der Schnur ausgerichtet. Wunsch der Häuslebauer waren derartige Einheitsbauten vermutlich nicht unbedingt. Der Zeitgeschmack und Architekten mit ausgeprägtem Sinn für ein homogenes Gesamtbild (oder so ähnlich) plus Entscheidungen der (ordnenden) kommunalen Selbstverwaltung und der Baubehörden zeichneten dafür verantwortlich. Nun ja, alles zu seiner Zeit.

Inzwischen haben sich die Auffassungen gewandelt. In vielen Neubaugebieten für das »eigene Häuschen im Grünen« dürfen die privaten Bauherren nach »ihrer Façon selig werden«. Bauen, wie's gefällt. Soweit die notwendigen Rahmenbedingungen z.B. hinsichtlich maximaler Geschoßzahl und Bauhöhe eingehalten werden.

So stehen sie denn neben-, fast möchte man sagen: so herrlich durcheinander, die Häuser in dieser und jener Gestalt, mal Stein- mal Holzhaus, rot, gelb oder sonstwie geklinkert, verputzt und angemalt, mit allen Dachformen und Deckungsarten.

Das Merkwürdige: Irgendwie paßt dann doch alles zusammen, ergibt ein interessantes Ganzes. Nicht streng, nicht einheitlich sondern kunterbunt und fröhlich.

Beispiel: die Siedlung Imbrook in Neuwittenbek.

Selbstpflücken auf Warleberg

Für Gut Warleberg ist in »Niekammer's Landwirtschaftlichem Güter-Adreßbuch« der Ausgabe von 1927 notiert:
»236 Hektar Ackerfläche, 82 Hektar Wiesen, 63 Hektar Holzungen, 39 Pferde, 184 Stück Rindvieh, 247 Schafe, 173 Schweine.«
Ein Gutsbetrieb also, wie es sich gehörte - zu jener Zeit.
Landwirtschaftliche Strukturen haben sich gewandelt, auch auf Warleberg. Und ein neuer, moderner Betriebszweig ist hinzugekommen: Obstanbau. Bei einem Praktikum in einem Obstbaubetrieb in Kaliforniern ist Landwirt Henrik Buchenau die entsprechende Idee gekommen. Und deshalb wachsen auf rund 20 Hektar seiner Gutsfelder inzwischen Erdbeeren, Süß- und Sauerkirschen, Himbeeren, Johannisbeeren, Heidelbeeren, Äpfel und Zwetschgen. Samt und sonders zum Selbstpflücken.

Selbstpflücken auf Warleberg

Die guten ins Töpfchen – und anderswo hin!

Womit Henrik Buchenau genau im Trend liegt. Die Scharen begeisterter Selbstpflückerinnen und Selbstpflücker, jung und alt, auf den Warleberger Plantagen beweisen es. Eine – nach eigenen Aussagen – »eigentlich typische Städterin« hat das Selbstpflücken so kommentiert:

»Es bringt riesig Spaß. Und ist ein richtiges Naturerlebnis. Außerdem: So schöne und so frische Früchte kann man im Geschäft nicht kaufen. Und so billig auch nicht.«
Sprach's und bückte sich tief und pflückte weiter: lecker-leuchtend rote Erdbeeren – und so süß.
Die Warleberger Obstfelder liegen in einem landschaftlich reizvollen, leicht hügeligen Gelände, fernab der großen Straßen, direkt am Nord-Ostsee-Kanal. Dort, inmitten der Kirschplantagen hat Familie Buchenau ein Sommer-Café eingerichtet. Der Fruchtkuchen à la Saison ist lecker. Den Blick auf die meistbefahrene Seewasserstraße der Welt gibt es gratis dazu.

Behrensbrook

Johannes von Schröder schreibt im Jahre 1854 in seiner »Topographie des Herzogthums Schleswig«: *»Behrensbrook, adel. Gut (...) Dieses Gut war ehemals Meierhof des Gutes Lindau, ward schon im vorigen Jahrhundert (1705) von demselben getrennt (...) und 1806 unter die Zahl der adeligen Güter aufgenommen. Besitzer 1705 v. Ahlefeld, 1737 v. Qualen, 1802 Steindorff, 1816 v. Rantzau, 1847 Prinz Friedrich von Augustenburg.«*

Herrenhaus Behrensbrook

1918 wurde Behrensbrook erneut verkauft. Und seit dem 1. Oktober 1986 sind Sylvia und Rudolf Bonse Eigentümer. Sie haben dem 1854 vom Königlichen Landbaumeister Krüger aus Altona anstelle des Vorgängerbaus errichteten Herrenhaus zu »altem« neuen Glanz verholfen. Und das Gelände am Haus hat Sylvia Bonse »nach und nach« mit sicherem Stilempfinden von ei-

Blickpunkte

Es ist immer wieder die Landschaft, die begeistert. Auch zur Korn-Erntezeit. Wenn auf gelbbraunen Stoppelfeldern die letzten Strohrundballen »Blickpunkte« setzen, Busch und Baum und das grüne Feld davor den Rahmen bilden. Ein Landschaftsmotiv voller Ausgewogenheit, voller Ruhe. Die oft hektische Welt der großen Stadt ist hier weit entfernt.

ner Viehweide zu einem wunderschönen Landschaftsgarten entwickelt. Mit Teichen, Rasenflächen, Baumgruppen, Rosenstöcken, Rabatten, Sitzgruppen.
Bewirtschaftet wird das Gut Behrensbrook von den Bonses als Ackerbaubetrieb. Rudolf Bonse: *»Wir bauen vor allem Raps, Weizen, Gerste an.«*

Golfen auf Gut Uhlenhorst

»Hier auf Gut Uhlenhorst zu spielen«, hat ein Golfer gesagt, *»ist etwas Besonderes. Weil der Platz, weil die ganze Anlage von beeindruckender Weite ist. Hier ist viel Raum, viel Platz, nichts ist eingeengt. An jeder Spielbahn ist 80 bis 100 Meter Nebenraum. Man spielt nicht eng nebeneinander. Selbst wenn viel Betrieb ist, hat man doch das Gefühl, allein in einem Park zu spielen.«*

Der Besucher findet diese Beschreibung des Golfplatzes auf Gut Uhlenhorst bei Dänischenhagen bestätigt. Eine Anlage, die sich zudem sehr harmonisch in die hügelige, reizvolle Jung-

Saftig grün: Spielbahn und Putting Green auf Gut Uhlenhorst

moränenlandschaft des Dänischen Wohldes einfügt. Gerahmt, gesäumt wird das 150-Hektar-Gelände von Obstbaumwiesen, Seerosenteichen, Baumgruppen, Gehölzen. Ein Refugium für Hoch- und Niederwild, für eine vielfältige Vogelwelt.

Der derzeitige 18-Loch-Platz ist ein Meisterschaftskurs von Par 72 und zusätzlich Par 70-Abschlägen. Gespielt wird auf Uhlenhorst ganzjährig auf regulären Sommergrüns. Der Betreiber (und Eigentümer des Gutes Uhlenhorst), Wilhelm-Eckhard Sindt: *»Seit den 10 Jahren des Bestehens*

mußte der Platz keine Stunde gesperrt werden. Übernässung kennen wir nicht.«

Auf dem 3-Loch-Kurzplatz sind die Grüns, Vorgrüns, Spielbahnen und Abschläge den großen Bahnen nachempfunden, lediglich entsprechend verkleinert. Der Kurzplatz ist für jedermann zugänglich.

Vom Clubhaus und den umgebenden Außenterrassen hat man einen herrlichen Blick über den Platz. Die Restauration - mittwochs bis sonntags ab 12.00 Uhr - ist öffentlich.

Überhaupt: Gäste sind auf dem Golfplatz Gut Uhlenhorst willkommen. Wer als (noch) Nicht-Golfer einmal erleben möchte, wie es auf einem Golfplatz so zugeht: einfach hinfahren, ohne Anmeldung, ohne irgendeine Verpflichtung.

Eckhard Sindt: *»Der weite Platz, die Landschaft, die Atmosphäre gefallen unseren Besuchern.«*

Und der Blechkuchen nach »Omas Rezept«, der auf der Terrasse und im Clubhaus zu einer guten Tasse Kaffee serviert wird, gilt als Geheimtip.

Empfehlung für jene, die's dann mit dem Golfspiel einmal selbst probieren möchten: Anmelden zu einem Wochenend-»Schnupperkurs«.

Da muß er rein!

Traumpfad

Es ist kein ausgebauter Weg, nur ein schmaler, naturbelassener Pfad. Spaziergänger müssen zum Teil hintereinander gehen. »Privatgelände« steht auf einer kleinen Hinweistafel. Und auch: »Benutzung auf eigene Gefahr widerruflich gestattet.«

Für Naturfreunde ist es ein Traumpfad, diese zwei Kilometer lange Strecke entlang am Alten Eiderkanal, von der Rathmannsdorfer Schleuse bis Gut Projensdorf am Nord-Ostsee-Kanal. Es ist ein Talwanderweg, links und rechts mit ansteigenden Hängen, bestanden von hohen, alten Bäumen. Mächtige Eichen sind darunter, die hier schon grünten, als vor 224 Jahren die einstige

Levensau zum Eiderkanal umgewandelt wurde. Vielerlei Wildblumen blühen: Lerchensporn, Lungenkraut, Buschwindröschen. Auch manche seltene Besonderheiten, deren Namen auf Anhieb nur den Kennern geläufig sind. Am feuchten Uferrand des Kanals leuchten aus glänzendem, grünem Blätterkranz die intensiv dottergelben Blüten der Sumpfdotterblume. Und dort,

eine gute Handbreit unter der Wasseroberfläche, sitzt geruhsam ein Frosch und läßt sich von der Sonne bescheinen. Genau hingeschaut, erkennt man es: Hier tummelt sich eine ganze Versammlung von Fröschen. Zwei Wildgänse schwimmen vorbei – auf der Suche nach einem Brutplatz? Wie verwunschen glitzert das Wasser zwischen dem grünen Rahmen des auf diesem Abschnitt erhaltenen Teilstücks des Alten Eiderkanals. Als Schiffahrtswasserstraße hat er seit mehr als 100 Jahren ausgedient. Aber er ist Mittelpunkt eines beschaulichen Naturrefugiums.

Romantisch: Wanderfpad am Alten Eiderkanal (oben und links). Auch im Kanal selbst gibt es viel zu entdecken...

Hohenlieth – ein Juwel

Das 1855 errichtete, langgestreckte Torhaus mit dem kleinen, feinen Glockenturm, der ehemalige Speicher von 1724, weitere Wirtschaftsgebäude und dann das verhältnismäßig kleine, aber wunderbar proportionierte Herrenhaus von 1760 mit der wohl schönsten Freitreppe der Region – Hohenlieth, in der Nähe von Holtsee gelegen, ist eine der herausragenden Gutsanlagen im Land zwischen den Meeren.
Der sehr gute bauliche Erhaltungs- und Pflegezustand des unter Denkmalschutz stehenden Ensembles unterstreicht diesen Eindruck. Ohne Übertreibung: ein Juwel.
Besucher, die sich vor und auf dem Gutshof einmal umsehen wollen, sind willkommen. Eigentümer Hans Joachim Lembke: »*Bedingt durch unsere Betriebsart haben wir ohnehin viel Besuch von Landwirten, Wissenschaftlern, Angehörigen von Firmen und Behörden aus dem In- und Ausland. Außerdem, in den Erhalt dieser Gebäude sind neben erheblichen Eigenmitteln des Unternehmens auch Gelder der Denkmalpflege geflossen. Die Öffentlichkeit hat also*

Torhaus (oben), Gutsgebäude (links) und die Freitreppe des Herrenhauses (rechts) zu Hohenlieth

mitbezahlt. Folglich muß sie doch auch das Recht haben zu sehen, was wir hier mit ihrem Geld gemacht haben.«

Ein Standpunkt, der dem Eigentümer zur Ehre gereicht!

Die genannte, besondere Betriebsart heißt Pflanzenzüchtung. Die Norddeutsche Pflanzenzucht Hans-Georg Lembke KG hat hier ihren Sitz. Sie zählt heute zu den bedeutenden privaten mittelständischen Pflanzenzuchtunternehmen in Europa. Zum Zuchtprogramm auf Hohenlieth zählen Winter- und Sommerraps, verschiedene Weidegrasarten, Ackerbohnen, Erbsen, Rotklee, Kartoffeln und Rüben. 10 bis 15 Jahre dauert es in der Regel von der 1. Kreuzung bis zu »fertigen«, vom Sortenamt der Bundesrepublik Deutschland anerkannten und zum Saatgutvertrieb zugelassenen neuen Sorten. Danach erst dürfen sie sich dem freien Wettbewerb des Saatgutmarktes stellen und müssen sich dort gegen die Konkurrenz aus dem In- und Ausland behaupten.

Die Erfolge können sich sehen lassen. Raps ist die wichtigste Kulturart. Beispielsweise haben die Hohenliether Pflanzenzüchter allein mit ihrer Winterrapssorte EXPRESS in der Bundesrepublik 1996–2000 einen Marktanteil von ca. 30% erreicht. Weitere erfolgreiche Entwicklungen, vor allem auch die neuen Hybridrapssorten, z.B. ARTUS, PRONTO und TALENT ergänzen das aktu-

elle Sortiment, das der Landwirtschaft für den Praxisanbau beim Winterraps zur Verfügung steht. Zuchtziele sind unter anderem verbesserte Standfestigkeit, größere Resistenz gegen Krankheiten, verbesserte Ölqualität, höherer Kornertrag und Ölgehalt, besseres Korn-/Strohverhältnis in der Pflanze.

Verantwortlich für das Geschehen auf Hohenlieth sind, neben Hans Joachim Lembke als Eigentümer des landwirtschaftlichen Betriebes und zugleich Gesellschafter und Geschäftsführer der Kommanditgesellschaft, Dietmar Brauer, Komplementärgesellschafter und Geschäftsführer sowie Dr. Martin Frauen als Leiter der Pflanzenzüchtung, ebenfalls Gesellschafter im Unternehmen. Hans Joachim Lembke vergißt nicht, im Gespräch nachdrücklich darauf hinzuweisen, wie bedeutsam das nachhaltige Engagement aller Mitarbeiterinnen und Mitarbeiter des Unternehmens für den Betriebserfolg ist, dies gilt gleichermaßen für die ständig Beschäftigten wie auch für die während der Saisonspitzenzeiten beschäftigten aushilfsweise Tätigen.

Hohenlieth hat eine wechselvolle Vergangenheit hinter sich. Das einst rund 450 ha große Gut wurde 1952/53 aufgesiedelt, um heimatvertriebenen Landwirten aus Mecklenburg, Pommern und Ostpreußen eine neue Lebensgrundlage zu ermöglichen. Damals erwarben Hans Georg und Helene Lembke den Resthof des Gutes in der Größe von 105 ha landwirtschaftliche Nutzfläche zur Fortführung der in Malchow auf Poel begonnenen Zuchtarbeit. Hans Georg Lembke verstarb am 16. September 1965.

Die politische Wende in der einstigen DDR ermöglichte 1991 den Rückkauf des rund 330 ha großen Hofes Malchow auf der Ostseeinsel Poel in der Wismarer Bucht in Mecklenburg-Vorpommern. Malchow ist der Stammsitz der Lembkes, nachweislich seit 1624. Hans Lembke begann dort 1897 mit der Pflanzenzüchtung. Dieser 100jährigen Tradition wurde 1997 auf Hohenlieth und Malchow festlich gedacht.

Das heutige Unternehmen, die Norddeutsche Pflanzenzucht Hans-Georg Lembke KG, an den beiden Standorten Hohenlieth und Malchow, verdankt seine außergewöhnlich erfolgreiche Entwicklung und internationale Anerkennung vor allem der Führung und des Einsatzes seines langjährigen persönlich haftenden geschäftsführenden Gesellschafters, Dr. h.c. Dietrich Brauer, der dem Unternehmen seit 1961 angehörte. Er verstarb am 25. Oktober 1999.

Pferde und Landschaft

Trotz Mechanisierung nicht verschwunden: Pferde gehören zur Landschaft

Noch vor wenigen Jahrzehnten waren Pferde auf landwirtschaftlichen Betrieben unentbehrlich. Sie hatten den Pflug sowie andere Geräte und Maschinen zu ziehen, den Erntewagen, auch den Milchwagen zur Meierei. In Niekammer's »Landwirtschaftlichem Adreßbuch der Güter und größeren Höfe der Provinz Schleswig-Holstein« der Ausgabe von 1927 ist der Bestand an Pferden ausgewiesen. Zum Beispiel:

- Gut Alt-Bülck 50 Pferde
- Gut Grönwohld 45 Pferde
- Gut Warleberg 39 Pferde

Auch jeder Bauernhof hatte seine Pferde. In Owschlag für 16 landwirtschaftliche Betriebe mit zusammen 244 Hektar Ackerfläche insgesamt 52 Pferde.

Noch um 1950 dominierten die Pferde. Aber erste Veränderungen hinsichtlich der »Zugkräfte« zeichneten sich ab. Das »Landwirtschaftliche Adreßbuch Schleswig-Holstein 1950« gibt Auskunft. Zum Vergleich:

- Gut Alt-Bülck 30 Pferde über 2 Jahre plus 4 Schlepper
- Gut Grönwohld 30 Pferde über 2 Jahre plus 2 Schlepper
- Gut Warleberg 23 Pferde über 2 Jahre plus 4 Schlepper

Für die Ortsbauernschaft Owschlag sind neben weiterhin großem Pferdebestand insgesamt 2 Schlepper notiert. Dann kam das berühmte deutsche Wirtschaftswunder. Und in der Landwirtschaft begann der Siegeszug der Trecker. In rasantem Tempo ersetzten die PS-starken Zugmaschinen »Kamerad Pferd«. Ein Pferdestall nach dem nächsten verwaiste, stand leer, konnte anderweitig genutzt werden. Befürchtungen wurden laut, das Pferd könnte aus der Landwirtschaft gänzlich verschwinden.

Landschaftspflege

Bauernkoppeln im Frühling. Landschaftsbilder wie komponiert. Gestaltet - nicht von Landschaftsarchitekten, nicht entworfen am Reißbrett des studierten Landschaftsplaners, sondern in vielen Jahren, oft in Generationen, »hergestellt« von »einfachen« Landwirten. Mit dem sicheren Gespür für schöne, harmonische Natur. Ganz selbstverständlich, ohne jemals Aufhebens davon zu machen. Landschaftspflege wie es immer war, hier auf dem Lande.

Es kam völlig anders. Pferdezucht und -haltung feierten fröhliche »Wiederauferstehung«. Nicht für die Ackerwirtschaft sondern für den Reitsport, der auch im Kreis Rendsburg-Eckernförde einen enormen Aufschwung erlebte. Reiterhöfe, Reitervereine, Reitsportveranstaltungen, Freizeitreiterei liegen - wie man so sagt - voll im Trend.
Und so grasen in der Region wieder Pferde auf vielen Weiden. Zur Freude aller. Denn ohne Pferde wäre unsere Landschaft ärmer. Viel ärmer.

Landwirtschaft in Stichworten

Einen Preis für vorbildliche Landschaftsgestaltung wird deshalb kein Bauer erhalten. Warum eigentlich nicht?
Wir Wanderer und Spaziergänger nehmen Landschaftsbilder wie diese als Selbstverständlichkeit. Aber selbstverständlich sind sie eigentlich nicht. Deshalb an dieser Stelle: Ein großes Dankeschön allen landschaftsgestaltenden, landschaftspflegenden Landwirten!

Vollerwerbsbetriebe:	1.984	
Nebenerwerbsbetriebe:	1.484	
In der Landwirtschaft tätige Personen:	5.200	
Haupterzeugnisse im Ackerbau:		
1. Winterweizen		
2. Grünmais		
3. Winterraps		
4. Wintergerste		
5. Roggen		
6. Zuckerrüben		
Rinderhalter:	2.066	
davon Milchviehhalter:	1.402	
Rinder:	227.100	
davon Milchkühe:	73.700	
Milcherzeugung (1998):	389.406	Tonnen
Pferdehalter:	1185	
mit 8000 Pferden		

(Angaben aus: »Agrarstatistische Daten für die Kreise Schleswig-Holsteins 1999«, übermittelt vom Kreisbauernverband.)

Eckernförde – Stadt mit Charme

Aus einem eher unscheinbaren Ort, der Eckernförde noch vor wenigen Jahrzehnten war, wurde eine frisch-fröhliche, aufgeräumte Stadt am Ostseestrand mit viel Charme. Mit der historischen Bausubstanz ging man (zumeist) behutsam und pfleglich um. Moderne Neubauten und neue Anlagen passen sich dem vorgeprägten Stil an, komplettieren einen harmonischen Gesamteindruck. Eckernförde wurde kein seelenloser Großstadtverschnitt, sondern eine sympathische Mittelstadt* mit einer ganz eigenen, unverwechselbaren Ausstrahlung.
Hier ist alles so schön handlich und überschaubar zusammen: die autofreie Einkaufszone, der

gemütliche, kleine Hafen, der Ostsee-Badestrand, die Meerwasserschwimmhalle.
In einer guten Stunde ist alles abspaziert. Wer sich gründlicher umsieht, wer am Hafen mit dem Kutterfischer einen Klönschnack hält und zwischendurch mit zwei lecker-frischen Fischbrötchen wieder Kraft nachtankt, braucht eben zwei Stunden oder zweieinhalb.
Lassen wir uns Zeit. Dieser Ort ist zum gemütlichen Bummeln, zum Gucken. Nicht zum Hasten und Hetzen.
Übrigens: Eckernförde am Hafen, frühmorgens wenn die Sonne noch ganz tief steht, und das Arbeitsleben auf Kais und Schiffen gerade erst beginnt – das ist Atmosphäre vom Feinsten.

Bürgermeisterbesoldung 1869

»Vacanz Anzeige: Gemäß der Städteordnung vom 14. April d.J. ist die hiesige Bürgermeisterstelle, mit der ein Gehalt von 800 Thlrn. und eine Comtoirvergütung von 300 Thlrn. jährlich verbunden ist, zu besetzen. Bewerbungsgesuche sind innerhalb 4 Wochen einzureichen.

Eckernförde, den 7. December 1869
Der Magistrat.«

Veröffentlicht im »Amtsblatt der Königlichen Regierung zu Schleswig« vom 10. Januar 1870.

Und daß die berühmten »Kieler Sprotten« unter diesem Namen eine Irreführung sind, lernen Eckernförder Kinder vermutlich schon in der Grundschule. Weil nämlich - sagen die Eckernförder - die Sprotten aus Eckernförde stammen, schon seit mehr als 100 Jahren hier gefangen, geräuchert und dann lediglich via Kiel in die weite Welt exportiert wurden.
Kurzum: Eckernförde ist im besten Sinn attraktiv. Besucher, Gäste, Urlauber, Touristen kommen von nah und fern. Viele kommen immer wieder.

* 22.998 Einwohner; Stand: 30.6.1999

Eckernförder Impressionen

Kurpromenade – Strandpromenade

Eckernförde hat sich eine neue Kurpromenade geleistet. Eine mehrere Kilometer lange Seepromenade, immer am Strand entlang. Auf jedem Meter mit ungehindertem, freiem Blick auf das glitzernde Ostseewasser der Eckernförder Bucht, auf Segelyachten und Fischkutter, auf Ausflugsschiffe und – wenn man Glück hat – auf die unter Segel auslaufende mittelalterliche Hanse-Kogge, ein originalgetreuer Nachbau.
Auch landseitig ist Eckernfördes Kurpromenade eine Augenfreude: Sommerblumenpracht, wohin man sieht, grüner Rasen, bequeme Sitzbänke. Dazwischen Skulpturen und »andere Gegenstände« der bildenden Kunst. Die Pflasterung der langen, schönen Flaniermeile in dezentem Rot. Aus der Konzertmuschel tönen Walzerklänge: Sonntagskonzert.

An der Eckernförder Kurpromenade (oben) und eine junge Beobachterin am »Fühlbecken« des OstseeInfoZentrums (rechts)

Krebse und Seesterne hautnah

Sandra, 6 Jahre alt, war begeistert. Der nette Mann vom OstseeInfoZentrum (OIZ) in Eckernförde hatte ihren »Lieblingskrebs« aus dem »Fühlbecken« genommen und zeigte dem Mädchen das Krabbeltier ganz nahe. Schließlich traute sich die Lütte auch selbst, ließ sich den jungen Krebs in ihre aus beiden Händen gebildete Schale setzen. Der Krebs marschierte trotzdem los: Sandras Arm hinauf. Dann durfte er ganz schnell wieder ins Wasserbecken. Sandra verfolgte »ihren« Krebs auf seinem Unterwasserweg mit leuchtenden Augen. Bis sie den Seestern entdeckte, der sich an einer Muschel zu schaffen machte – zwecks Frühstück.

Derweil erlebte Sandras »große« Schwester (13 Jahre) am Binokular die Wunderwelt von Strand, Sand und Fischschuppen.

Im OstseeInfoZentrum ist das alles möglich. Das Fühlbecken, die Meerwasser-Aquarien, die meereskundlichen Arbeitsplätze und ein Landschaftsmodell Ostseeküste vermitteln einen Einblick vom Leben in und an der Ostsee. Mancher Besucher sieht hier erstmals lebende Aalmuttern und Knurrhähne, wundert sich über die Schollen, die sich am Meeresgrund im Sand »unsichtbar« machen. Es gibt wohl größere, bekanntere Meeresaquarien und Meeresinformationseinrichtungen. Das OIZ aber beeindruckt durch seine Unmittelbarkeit, seine Natürlichkeit. Es ist, wenn man so sagen will, »ostsee-intim«.

Träger der Einrichtung direkt am Eckernförder Hafen ist der Verein »Umwelt Technik Soziales e.V.«. Gefördert wird das OIZ, so steht es in einem kleinen Faltblatt, durch das Arbeitsamt Eckernförde, durch BINGO! – Umweltlotterie auf N3 und durch die Sparkasse Eckernförde.

Maritime Motive

Sie kreuzt im Seegebiet der Kanarischen Inseln, nimmt an Regatten über den Atlantik teil, geht auf Schnupperkurs entlang der amerikanischen Ostküste - und ist auch Gastlieger im Hafen Eckernförde: die »Roald Amundsen.« 1952 als Tanklogger gebaut, wurde sie 1992 vom »Verein LebenLernen auf Segelschiffen« zur stolzen Brigg aufgeriggt. Ihre erste Fahrt unter Segeln trat sie 1993 an. Die technischen Daten des Traditionsseglers:

- Länge über alles:	50,20 m
- Breite:	7,20 m
- Tiefgang:	4,20 m
- Masthöhe über Kiel:	34,00 m
- Segelfläche:	850,00 qm

- Unterkünfte: für 48 Personen
- Hilfsantrieb: 300 PS 8-Zylinder-Motor

Am Kai in Eckernförde ist die Brigg für die Hafenspaziergänger im Wortsinn »zum Greifen nahe«. Da läßt sich die (den Segel-Laien verwirrende) Takelage in allen Einzelheiten und in aller Ruhe bewundern.

Wie die »Roald Amundsen« kommen auch andere Traditionssegler, Großyachten, Segelschulschiffe und natürlich viele, viele Freizeitsegler aus aller Welt hierher. Für andere ist Eckernförde Heimathafen. Der »ewig junge«, sehr aktive und in der Segel-Szene »around the world« bekannte SCE, der Segelclub Eckernförde, feierte im Jahr 2000 sein hundertjähriges Bestehen. Nicht zu vergessen, die Eckernförder Fischer. Die haben, zusammen mit den Fischräuchereien am Ort, die Stadt berühmt gemacht. »Kieler Sprotten« kommen vor allem aus Eckernförde. Die Anzahl der Fischer ist im Vergleich zu früher aber drastisch kleiner geworden, die der Räuchereien erst recht. Doch die verbleibende Fischereiflotte reicht noch immer aus, um das Flair eines Fischereihafens zu erhalten. Und wenn in Eckernförde einmal pro Monat großer Fischmarkt ist, sind sie alle mit ihren Kuttern am Kai. Es wird verkauft: Ostseefisch frisch von Bord.

Zwar nicht vom Rahsegler (links), aber auf jeden Fall fangfrisch vom Kutter – Fisch im Eckernförder Hafen

Aalregatta

Picke-packe-voll ist der Eckernförder Hafen am ersten Wochenende der Kieler Woche, jeweils Ende Juni. Die erste Langstreckenregatta nämlich, die berühmte »Aal-Regatta«, führt am ersten Tag nach Eckernförde, am nächsten Tag retour. Da kreuzt die Eckernförder Bucht alles hoch, was unter Segeln Fahrt machen kann. Zwar gibt es auch Sieger und Plazierte, aber eigentlich heißt das Motto: »Dabei sein ist alles!« Wie hat doch ein Segler gesagt: *»Alle Jahre wieder. Eckernförde ruft. Das ist viel Fun.«*
Rund um die Aalregatta ist in Eckernförde drei Tage lang Hafenmarkt und Hafenfest, überhaupt

»richtig was los«. Wenn die ersten Segler in den Hafen einkreuzen, spielt drüben auf der Borbyer Hafenseite bei »Yachtsport« die Gruppe »Feel Jazz« allerschönsten Oldtime-Jazz – da swingt man mit auf Kais und Booten. Auch der Spielmannszug des TuS Eckernförde begrüßt Segler und Sehleute musikalisch. Auf der Hafen-Bühne ist Programm am laufenden Band, mit Rock,- Pop- und anderen Gruppen. Aufgespielt wird zur großen Segler-Party.

Natürlich bekommen die Skipper an Bord - wie in jedem Jahr seit 1954 - auch die berühmten Eckernförder Räucheraale überreicht. Daher der Name: Aalregatta. Gegeben und übergeben werden die Aale vom SCE - dem Segelclub Eckernförde.

Die Regatta Kiel-Eckernförde-Kiel im Rahmen der Kieler Woche hat Tradition. Oldekop schreibt 1906 in seiner »Topographie des Herzogtums Schleswig«: »*... alljährlich während der Kieler Woche geht eine Regatta nach Borby, an dem Bierabend im Marien-Louisenbad pflegt der Kaiser teilzunehmen.*«

Borby, damals noch selbständige Landgemeinde, ist heute Ortsteil von Eckernförde.

Eckernförde ist erreicht: Hol nieder die Segel!

Eckernfördes Wirtschaft um 1854

»Die Einwohner ernähren sich größtentheils durch Handel, Schiffahrt, städtische Gewerbe und Fischerei. (...) Die Seefischerei ernährt zwischen 60 und 70 Familien; sie liefert besonders Dorsche, Makrelen, Heringe, Bütten, Breitlinge (geräuchert unter dem Namen Sprotten bekannt), Muscheln und Krabben, von denen ein großer Theil an die nahe gelegenen Städte verkauft wird. – Eckernförde hat 1 Stoutsweberei durch Dampf betrieben, 1 Spitzenfabrik, 1 Salzsiederei, 2 Tabacksfabriken, 2 Leimkochereien, 2 Lohgärbereien, 5 Reiffschläger, 4 Bierbrauereien, 5 Branntweinbrennereien, 4 Töpfereien, 2 Schiffsbauer und Handwerker aller Art. (...) Es befindet sich hier eine Apotheke, ein Lombard seit 1768. Seit Neujahr 1852 erscheint zweimal wöchentlich die »Ekkernförder Zeitung.«

(Aus: *»Topographie des Herzogthums Schleswig«* von Johannes von Schröder, 2. Auflage, 1854.)

Eckernförde alt und neu:
Utlucht-Häuschen in der Gudewerdtstraße (oben),
ein Giebeldetail (rechts oben)
und das neue Rathaus (rechts unten).
Auch die Schornsteine
einer ›alten‹ Fischräucherei sind
erhalten geblieben (links).

Häuser – im Stil der Epochen

Häuser in Eckernförde. Generationen und Epochen lassen sich daran »ablesen«. Beispiele:
In der Gudewerdtstraße das kleine Utlucht-Häuschen* mit dem Charme einer vergangenen Zeit. Ein paar Schritte weiter ein Fachwerkgebäude: dunkles Balkenfachwerk, die Gefache ausgemauert mit weißgestrichenen Backsteinen. Die kleinen Fenster gleich unter dem roten Ziegeldach, davor Blumenkästen mit Geranien. Alt-Eckernförde läßt grüßen.
Für ein stolzes, auch genügend wohlhabendes Bürgertum steht das prächtige Gebäude Kieler Straße/Ecke Rathausmarkt. Der auf Besuch weilende Spaziergänger taxiert: »Kaiserzeit, vor 1914.«

Rotes Mauerwerk, mehrfach abgesetzte weiße Fensterlaibungen, Stuckornamente über den Fensterwölbungen, ein schmaler, angesetzter Eckturm mit hohen Fenstern nach drei Ausguckseiten und mit Spitzhelm sowie Gauben mit grüner Zeltbedachung ergeben in Gesamtheit ein Haus, das imponiert. Was vermutlich der Absicht des Bauherrn entsprach.
Auch die Eckernförder von heute lassen – im Stil unserer Zeit – ausdrucksvoll, interessant und formschön bauen. Das Neue Rathaus ist dafür ein Beweis von vielen.

* Utlucht: ganz schmaler Vorbau der Straßenseite des Hauses mit Fenstern links, rechts und vorne, durch die die Straße nach allen Seiten einsehbar ist.

Vom Admiral zum Gutsherrn

Prinz Heinrich von Preußen, Sohn Kaiser Friedrich III. und Bruder Kaiser Wilhelm II., war als Großadmiral und Chef der Kaiserlichen Marine ein Mann der See. Trotz aktiver und vielfach bewiesener Verbundenheit zum Meer mit dienstlichem Wohnsitz im Kieler Schloß wurde der Hohenzollernsproß auch Gutsherr. 1896 erwarb er das geschichtsträchtige, 1462 erstmals erwähnte Gut Hemmelmark.

Möglicherweise ahnte Prinz Heinrich auch geschichtliche Entwicklungen voraus. Oder er traute dem weltpolitischen Geschick seines Bruders, dem allzu forschen Kaiser, nicht ganz über den Weg.

Im englischen Landhaustil:
Herrenhaus Hemmelmark

Die Sache mit dem Kaiserreich ging dann ja auch gründlich schief. 1918 war endgültig Schluß damit, nach verlorenem Weltkrieg I und November-Revolution. Der Kaiser emigrierte in die Niederlande. Auch Prinz Heinrich mußte die Admiralsuniform ausziehen und Abschied nehmen vom Kieler Schloß. Ein Glück nur, er besaß Hemmelmark, in Schwansen nahe der Ostsee, dicht bei Eckernförde gelegen. Schließlich, der Mann hatte Familie. Seine Frau, eine geborene Prinzessin Irene von Hessen und bei Rhein, und die Söhne Waldemar und Sigismund.

Auf Hemmelmark hatte Prinz Heinrich rechtzeitig vorgesorgt und in den Jahren 1903/1904 das Herrenhaus neu errichten lassen. Nicht nach traditioneller Gutshausart sondern im englischen Landhausstil. Durchaus malerisch, wie noch heute zu besehen ist. Das zur selben Zeit neu gebaute Torhaus paßt sich jedoch dem Bestand vorhandener Wirtschaftsgebäude an. Wie ebenfalls noch immer erkennbar ist.

Die Krone und das »H« für »Heinrich« – an manchen Gebäuden der Gutsanlage – erinnern an jene Zeit, als der Kaiserbruder mit Familie hier »zu Hause« war. Die Wetterfahne auf der Spitze des Torhausturmes stellt einen pflügenden Landwirt dar. Man hätte doch ein Segelschiff vermutet für Heinrich, den Seemann, der er war.

Der Ordnung halber: Die große Scheune gleich rechts nach der Tordurchfahrt ist älteren Datums, stammt aus der Zeit um 1740. Das »H« in der an der Giebelwand erkennbaren Buchstabenfolge »CFVH« steht folglich auch nicht für Heinrich sondern für von Heespen. Dem gehörte zu jener Zeit das Gut.

Daß alle heute auf Hemmelmark wohnenden oder dort tätigen Männer in memoriam des einstigen Gutsbesitzers die bekannte »Prinz-Heinrich-Mütze« tragen, ist selbstredend ein Gerücht.

Das Kreuz von Ludwigsburg

Das Kreuz von Ludwigsburg mit einer Kreuzigungsszene als Spitze (rechts) und den Familienwappen als Armen

Diese Straße muß man sich gönnen. Von Eckernförde-Borby an den Gütern Hemmelmark und Hohenstein vorbei nach Ludwigsburg und weiter nach Waabs. Eine – im besten Sinn – alte, eine total »gewachsene«, nicht am Reißbrett entstandene Straße. Oft eng, immer kurvenreich, von alten Chausseebäumen gesäumt, folgt sie im Abstand von ein bis zwei Kilometern der Küstenlinie der Ostsee. Und zeichnet im stetigen Auf und Ab die naturgeschaffenen Formen der hügeligen, welligen Landschaft nach. Eine Straße wie »damals«, irgendwic schön. Eigentlich müßten gleich hölzerne Bauernwagen mit eisenbeschlagenen Rädern, hochbeladen mit Korngarben, gezogen von zwei stämmigen Pferden des Weges kommen.

Pause in Ludwigsburg. Das war ursprünglich eine Wasserburg. Ist seit »ewigen Zeiten« adeliges Gut. Einst hieß das Gewese Kohöved. Der Bischof von Schleswig soll »in ältesten Zeiten« Eigentümer gewesen sein. Später dann die Sehestedts, Rantzaus, Ahlefelds im gelegentlichen Wechsel. Größer geworden ist der Gutsbesitz dabei auch. Durch Niederlegung von Dörfern – wie es schlechte Sitte war.

1729 kaufte ein später zum Graf »beförderter« Baron Friedrich Ludwig von Dehn das Areal. Nach diesem Ludwig wurde das Gut ab 1768 Ludwigsburg genannt.

Es gab auch Betriebsunfälle. So im Jahre 1823, als Konkurs angemeldet werden mußte. Von einem Eigentümer, der mal wieder Ahlefeldt hieß.

Das Herrenhaus hat der Namenspate Ludwig von Dehn unter teilweiser Nutzung unterer Teile des Vorgängerbaus um 1740 errichten lassen. Das zweistöckige Torhaus gilt als das älteste Gebäude. Es wird »im Kern« zumeist auf Ende des 16. Jahrhunderts datiert. Über der Durchfahrt ist in einer Mauersteineinfassung ein Kreuz aus Sandsteinplatten angebracht. Im oberen Feld zeigt es Gott Vater in Wolken, darunter Christus am Kreuz, rechts und links davon Namen und Wappen der vormaligen Eigentümer Rantzau und Sehestedt.

Vor dem Torhaus informiert eine große, eine sehr »heutige« Tafel über die Öffnungszeiten des Hofladens.

Das »Langbett« von Karlsminde

Rechnet man, wie üblich, eine Generation zu 30 Jahren, sind es - rückwärts gezählt - bis zur jüngeren Steinzeit »nur« 150 Generationen. In ununterbrochener Folge, versteht sich. Denn ein (weltweiter) Totalausfall von ein, zwei Generationen hätte die Menschheit aussterben lassen. Sie ist nicht ausgestorben. Folglich sind Menschen, die damals lebten - wo auch immer - sind unsere Ur-Ur-Ur-Vorfahren.

Auch hier, in der heute von weiträumigen Gutskoppeln geprägten Landschaft im Güterdreieck Hohenstein, Karlsminde. Ludwigsburg, waren die Menschen der jüngeren Steinzeit »zu Hause«. Die (restaurierte) Grabanlage an der kleinen Straße nach Karlsminde ist der Beweis. Die Archäologen haben wissenschaftlich untersucht und datiert: Jüngere Steinzeit, um 2500 v. Chr.

Vor 150 Generationen, das ist vor 4500 (viertausendfünfhundert!) Jahren, haben Steinzeitmenschen an diesem Platz mächtig gearbeitet. Es mußten Findlinge von 1,5 bis 2,5 Tonnen Gewicht transportiert, aufgestellt, in Reihe ausgerichtet werden. Diese Findlinge bilden die Steineinfassung des »Riesenbettes«. Es ist 60 Meter lang, 5,5 Meter breit, 2,5 Meter hoch. Darin liegen die eigentlichen Grabkammern, die »Dolmen«.

Da fragt sich der technikverwöhnte Mensch von heute, wie die Steinzeitmenschen solche Felsbrocken ohne »Gerät« eigentlich bewegt haben. Hebelgesetze in praktischer Anwendung und die Möglichkeiten der schiefen Ebene müssen ihnen mindestens vertraut gewesen sein. Und es müssen wohl große Arbeitstrupps kräftiger Männer (ganze Steinzeitsippen?) angepackt haben. Vermutlich unter der Leitung erfahrener Dolmen-Baumeister. Wie lange es wohl gedauert hat, bis ein solches »Riesenbett« errichtet war? Wochen, Mo-

Ostseebrandung

Das Karlsminder Steingrab (links)
und die schäumende Ostsee vor Eckernförde

nate, Jahre? Sorgsam »mauern« konnten die Menschen der jüngeren Steinzeit ebenfalls: Die Zwischenräume zwischen den Steinen sind mit Quarzitplatten und Lehm verschlossen.

Die Kammern dieses »Langbettes« dienten als Grüfte für wiederholte Bestattungen. Die Archäologen haben festgestellt: Urnengräber aus der Eisenzeit im Hügelmantel beweisen die weitere Benutzung der Grabstätte bis in die Jahrhunderte nach Christi Geburt.

Das »Langbett« von Karlsminde. Man wird nachdenklich. Über bewundernswerte steinzeitliche Arbeitsleistungen. Und darüber, wie die Menschen zu jener Zeit hier auf der Halbinsel Schwansen gelebt haben. Auch darüber, daß 4500 Jahre »nur« 150 Generationen sind.

Die Ostsee, wie man weiß, ist ein Binnenmeer. Und als solches zumeist friedlich. Der Sommerurlauber an der Küste erlebt oft nur Ostseewellen der sanften Art.

Es gibt andere Tage. Wenn ein anhaltend kräftiger Ost-/Nordoststurm hohe Wellenberge als weißschäumende Brandung auf den Strand treibt. Das Meer als elementare Kraft. Dann wird der Spaziergang am Ufer der Eckernförder Bucht zum besonderen Erlebnis.

Damp – das Gut

Im Vorgelände typische zugehörige Gutswohnhäuser und ehemalige Katen, eine hohe Holzscheune. Eine ziemlich schmale, schöne Allee mit altem Baumbestand als Zufahrt. Ein breiter, wasserführender Hofgraben. Über eine urtümliche Steinbrücke durch die Tordurchfahrt auf das eigentliche Hofgelände.
Es ist eine ganz und gar andere Welt als im unweit gelegenen Ferien- und Kurzentrum gleichen Namens. Auf Gut Damp ist die Historie, sind in Jahrhunderten gewachsene Strukturen spürbar, sichtbar, faßbar.

Gut Damp mit dem Glockentürmchen über dem Tor und einer alten Fachwerkscheune (rechts)

Eingefaßt von einem doppelten, rechtwinkligen, breiten Grabensystem zeigt sich eine geschlossene Hofanlage . Noch immer eine Spur von Abgeschiedenheit.
Mit einem 1595–1597 von Melchior von der Wisch errichteten Herrenhaus, in das um anno 1700 eine zwei Stockwerke hohe, festliche Halle eingebaut wurde – feinstes Barock.*
Mit einem langgestreckten Torhaus. In der Mitte die Durchfahrt im Torturm. Darauf ein »keckes« Dachreitertürmchen.

Ebenfalls zu erkennen sind die Wappen der Ahlefeldts und der Rantzaus und die abgekürzten Namen *OTTO RANTZ*(au), *F*(rau) *ALHEIT RANTZ*(au) sowie die Jahreszahl 1640.
Eine Brücke mit feinem Holzgittergeländer über den zweiten Graben trennt den Wirtschaftshof von der »inneren« Herrenhausinsel.
Gut Damp ist Privatbesitz, im Eigentum der aus der Lundewitter Linie stammenden gräflichen Familie zu Reventlow.

* Besichtigung nach Absprache für Gruppen möglich. Telefon 04352-2203.

Beeindruckend sind die Wirtschaftsgebäude, kerniges Eichenfachwerk, überwiegend noch mit hohen, mächtigen Reetdächern. Besonders malerisch ist die zum Herrenhaus weisende Giebelseite der Gerstenscheune von 1640 mit vorkragendem Obergeschoß und schönen alten Durchfahrtstoren. Im tragenden Balkenwerk darüber eine Inschrift: *»WO GODT DAS HAUS NICHT SELBST BEWACHT / SO IST UMSONST DER WECHTER MACHT«*

St. Johannis-Armenstift

Es ist ein kleines Bautenensemble von ganz eigenem Reiz mit dem Charme einer vergangenen Zeit: das St. Johannis-Armenstift in Vogelsang-Grünholz, nahe Gut Damp. Eine kleine, eingeschossige Kapelle mit Rundbogenfenstern und Dachreitertürmchen, mit den links und rechts angebauten Armenkaten und mit dem freistehenden, doppelstöckigen, reetgedeckten, offenen Glockenturm. An der Giebelseite verraten eiserne Zahlenanker das Baujahr: 1742.
Chr. Kock hat 1912 in seiner »Volks- und Landeskunde der Landschaft Schwansen« über das St. Johannisstift berichtet:
»Häusergruppe zwischen Damp und Vogelsang am Schulhorst anmutig belegen. Bereits am 25. Februar 1706 bestimmte im 4. Artikel seines

Das St. Johannis-Armenstift von der Gartenseite (rechts) und von der Straße (unten)

Testaments Johann Rudolph von Ahlefeldt zu Damp ein Kapital von 5000 Rtlr. zur Erbauung eines Armenhauses und Anstellung eines Schulmeisters im Gute Damp. Sein Enkel gleichen Namens hat 1742 das jetzige Armenstift, St. Johannisstift genannt, für 818 Rtlr. 18 Schilling erbaut und für 12 Präbenden eingerichtet. Diese erhielten außer Wohnung und Kohlhof 4 (6) Freikühe, 2 (3) Faden Brennholz sowie 8 Schilling lübsch wöchentlich. (In der Gegenwart erhalten die Präbenden statt der Freikühe Milchgeld). Jeden 2. Sonntagnachmittag wird in der Kapelle des Stifts abwechselnd von den Predigern zu Sieseby, Schwansen und Waabs Gottesdienst gehalten. Dem St. Johannisstift gegenüber befindet sich die zweiklassige Damper Schule.«

Gegenüber dem St. Johannisstift steht dieses malerische Häuschen.

Einfach nur: DAMP

Das Ostseebad Damp entstand auf der grünen Wiese. Wortwörtlich. Präzise: auf 65 Hektar Wiesengelände, das sich zuvor im Besitz des Gutes Damp befand. Im November 1969 war Beginn des größten touristischen Bauvorhabens in Schleswig-Holstein. Am 15. Juni 1973 dann die feierliche Eröffnung des »Ostseebades der vier Jahreszeiten«. Der damalige Name: Damp 2000. 1973 war diese Bezeichnung noch futuristisch, visionär anmutend, allerdings mit eingebautem Verfallsdatum. Bereits Mitte der 1980er Jahre erfolgte der Namenswechsel zum Ostseebad Damp oder - wie in der touristischen Szene üblich - einfach nur: DAMP.

Damp heute: Anerkanntes Ostsee-Heilbad, ein »rund um den Kalender« frequentiertes Ferienparadies. Zitat aus einer Presseinfo: »*Die erfolgreiche Damper Touristik verzeichnet jährlich über 600.000 Übernachtungen (...) (2600 Urlauberbetten). 1996 wurde Damp in einem bundesweiten Wettbewerb als umweltfreundlicher Urlaubsort prämiert.*«

Zur Umweltfreundlichkeit gehört auch die Verkehrsberuhigung im Ferienort. Autos bleiben auf Außenparkplätzen. Für komfortablen Transfer sorgen »Flüsterbusse« von früh bis spät.

Der flachabfallende, feinsandige Strand ist 3,2 Kilometer lang und - wie die gesamte Ferienanlage - kurtax-frei. Am Strand wird differenziert: Hauptstrand für Familien, Aktionszone für Sport und Spiel, FKK-Abschnitt, Nichtraucherstrand, Bezirk für Surfer.

Am Strand und im Yachthafen des Ostseebades Damp

Gebadet wird in Damp das ganze Jahr. Wenn nicht in der Ostsee, dann im Meerwasser-Wellenbad. Oder im subtropischen Badeparadies »Aqua Tropicana« – erfüllte Südseeträume an der Ostsee, mit lagunenblauem, 29° warmem Wasser, bei 31° Lufttemperatur.

Für Aktionsaktive bietet das »Fun-und-Sport-Center« auf 3500 Quadratmetern Attraktionen im Dutzendpack. Der Hafen, das »maritime Herz« von Damp, hat Liegeplätze für einige hundert Boote und Yachten.

Nicht jeder kommt zwecks »reiner« Ferien nach Damp. Manche absolvieren eine Kur, andere tagen im Congress-Centrum Damp. Oder werden in der Ostsee-Klinik behandelt, in der REHA-Klinik wieder fit gemacht.

Zitat:

»Damp ist ein europaweit einmaliges Gesundheits- und Ferienzentrum – ein Synonym für die ganzheitliche Verknüpfung von touristischen und medizinischen Angeboten.«

Was gut ist, soll noch besser werden. Die Damp Holding AG will auch künftig mit ihren Angeboten Spitzenreiter bleiben. Dafür sind in den nächsten Jahren erhebliche Investitionen geplant. Nach den »Kieler Nachrichten« vom 15. März 2000 in zweistelliger Millionenhöhe.

Badekarren

Denkmal für's »Baden früher«: der Badekarren in Damp

Damp, das Ferienparadies, ist nicht langsam gewachsen, hat sich nicht, wie andere Orte, vom Fischerdorf zum Ostseebad entwickelt. Damp ist Stück für Stück geplant, am Reißbrett entworfen, dann gebaut worden. Gewissermaßen ein Ostseebad aus der Retorte. Also modern, ganz und gar von heute.

Aber ein wenig Nostalgie muß sein. Deshalb haben die Macher in Damp – unter anderem – den Nachbau eines Badekarrens aufgestellt. Mit dieser Texttafel:

»Im 19. Jahrhundert war es höchst unschicklich außerhalb von Badeanstalten sich seiner Kleidung zu entledigen, um ein Bad in der See zu nehmen. Eine Lösung des Problems ergab sich durch die Erfindung des Badekarrens. In der Nähe des Deiches oder der Strandpromenade konnte man in normaler Kleidung den Badekarren betreten und sich darin umziehen. Mit zwei Pferden wurde der Wagen dann in hüfthohes Wasser gezogen, der Baldachin an der Rückseite wurde zur Wasseroberfläche heruntergeklappt und über die Badeleiter konnte der Gast in die Fluten steigen. An einem Seil konnte er sich festhalten und nach dem Baden ein Signal geben, um an den Strand zurückgefahren zu werden. Dort entstieg er dann wieder in seiner Straßenkleidung dem Badekarren. Nach dem ersten Weltkrieg wurden freiere Formen des Badens an der See üblich, so daß die letzte ›Karrenbadeanstalt‹ 1930 geschlossen wurde.«

Der Badekarren von Damp – eine nette Idee.

Die stolze »ANNA«

Die stolze Windmühle »ANNA« in Norby

Ein Einheimischer hat's erklärt: *»Norby ist ein Ortsteil von Rieseby. Aber die Leute von Norby sind natürlich Norbyer, keine Riesebyer.«*
Ist ja klar. Und soviel vorweg.
Also: die stolze »ANNA« steht auf der Anhöhe von Norby, gleich hinter Rieseby. »ANNA« ist ein Prachtstück von Windmühle. Präzise: ein Galerieholländer mit Windrose, auf hohem, würfelförmigem Steinunterbau. Der Name »ANNA« steht auf der Mühlenkappe gleich unter dem Flügelkreuz. Und auch die Jahreszahl: 1911.
Allerdings ist 1911 nicht das eigentliche Baujahr der Mühle sondern der Zeitpunkt des erneuten Wiederaufbaus. Der Reihe nach: 1910 brannte die alte Norbyer Mühle ab. Eine Mühle mußte wieder her. Neugebaut wurde nicht, sondern eine Mühle aus dem Eiderstedtischen erworben. Die wurde dort Teil für Teil abgebaut und hier Stück für Stück wieder aufgebaut. Diese alt-eiderstedter und neu-norbyer Mühle datiert von 1786. Wer bis zum 5. Mühlenboden hinaufsteigt, entdeckt Originalbalken aus jener Zeit.
Nach 1911 erlebte Norbys neue-alte Mühle wechselvolle Zeiten. Aber das ist eine lange Geschichte für sich.
Jedenfalls hat die Gemeinde Rieseby die Mühle schließlich gekauft, restaurieren und renovieren lassen. Heute befindet sich darin das Heimatmuseum, für das der »Verein für Museum- und Chronikarbeit in Rieseby e.V.« verantwortlich zeichnet.

Der unterste Mühlenboden wird auch als Trauzimmer genutzt. Heiraten in der - im besten Sinn - anheimelnden Atmosphäre der Norbyer Windmühle mit einer dazu passenden Ausstattung des Raumes entwickelt sich »zum wahren Renner«. Nach der Trauung grüßt das frischvermählte Paar die Hochzeitsgäste auf dem Mühlenplatz von der Mühlengalerie herab. Das ergibt Hochzeitsfotos der besonderen Art.
In der Mühle und der zugehörigen »Alten Sägerei« finden außerdem Sonderausstellungen, Konzerte, Vorträge und Gesprächsrunden statt. Veranstaltet von dem vorgenannten Verein zusammen mit der VHS Rieseby und der Heimatgemeinschaft Eckernförde e.V.

Rechts:
Das Museum in der
Norbyer Windmühle

Prachtexemplar: »ANNA« in Norby

»Ein ›P‹ vorsetzen«

»Da sollte man ein ›P‹ vorsetzen.« Diese Redensart ist bekannt. Aber wie kam sie zustande? Im Museum in der Mühle »ANNA« in Norby bei Rieseby läßt sich's erfahren und ... betrachten. Dort ist nämlich ein handwerklich gefertigtes, um die 200 Jahre altes Schloß ausgestellt, dessen starker Sicherungsbolzen gut erkennbar die Form eines »P« hat. Schlösser dieser Art waren einst gang und gäbe. Wo ein solches Schloß angebracht wurde, hatte man eben ein »P« vorgesetzt. Daher!

Überhaupt, dieses kleine, ebenso liebevoll wie sachkundig gestaltete Heimatmuseum in der unvergleichlich »passenden« Atmosphäre einer Windmühle, gehört ins Besuchsprogramm.*

Anschaulich ist nachzuvollziehen, wie die Großeltern, die Ur- und Ur-Ur-Großeltern und die Generationen davor lebten und arbeiteten. Auf fünf Mühlenböden (= Stockwerken) wird durch die große Anzahl unterschiedlichster Exponate die Geschichte der Region geradezu wieder »lebendig«. Zum Beispiel: Die Flachsverarbeitung ist von der geernteten Pflanze bis zum gewebten Leinen mit allen Arbeitsschritten und allen originalen zugehörigen Geräten und Werkzeugen komplett dargestellt.

* Öffnungszeiten jeden Sonnabend und Sonntag von 14.00 bis 17.00 Uhr. Gruppen nach Vereinbarung auch außerhalb dieser Zeiten.

In der alten Schuhmacherei wird zu den Öffnungszeiten gearbeitet – im Licht der berühmten Schuhmacherkugel. Was der Stellmacher am Ort früher alles herstellte, wird durch Modelle gezeigt (sämtliche Originale würden die räumlichen Möglichkeiten sprengen). Die Arbeiten der Frauen im Haus mit Küche, Spinnen, Wäschepflege, das Leben »rings um den Gutshof« in früheren Zeiten – nichts fehlt.

Die intakte 200 Jahre alte »Stövkist« (eine Windfege* im Handkurbelbetrieb), ein »historisches« Fotolabor, diverse Hohlmaße längst vergessener Maßeinheiten, eine Handdrehmühle oder selbstgefertigte, wirkungsvolle Mausefallen aus Urgroßvaters Tagen – das Museum in der Mühle »ANNA« steckt voller Überraschungen.

Auch die Vorzeit ist vertreten. Exakt gearbeitete, formschöne Steinbeile, in der näheren Umgebung gefunden, belegen, daß auch die Menschen der Steinzeit hier schon »zu Hause« waren.

Die Beschilderung der Ausstellungsstücke mit kurzen, klaren, verständlichen Texten ist hilfreich. Noch dieses: Lassen Sie sich doch die Geheimnisse des jahrhundertealten Tisches gleich am Eingang erklären. Unsere Uralt-Vorderen waren wahrlich genial-praktische Leute.

Grützmühle anno 1784 aus Bohnert
Rechts: Reetdachhaus in Börentwedt

* In solchen Windfegen wurde auf den Bauernhöfen »Wind erzeugt«, wodurch die leichtere Spreu vom schwereren Korn getrennt wurde.

Börentwedt

Reetdächer sind auch draußen im Land nicht mehr die Regel, eher Seltenheiten. Mit einigen Ausnahmen. Wie zum Beispiel in Börentwedt. In dieser klitze-kleinen Ortschaft in Schwansen stehen an der Kreisstraße K 61 zwischen Vogelsang-Grünholz und Thumby Reetdachhäuschen aufgereiht. Keine Neubauten sondern offensichtlich ehemalige Katen und Landarbeiterhäuser. Stilvoll gepflegt, renoviert, restauriert. Gerettete Schmuckstücke mit Romantiktouch, denen man ihre einstige Funktion noch ansieht.
Wie's in Börentwedt früher war, läßt sich nachlesen. Johannes von Schröder in seiner »Topographie des Herzogthums Schleswig« im Jahre 1854: *»2 Katen und 6 Instenstellen* * *im Gute Grünholz.«* Henning Oldekop schreibt 1906 in seiner Topographie: *»11 kleine Stellen; die Tagelöhner gehen nach dem Hof Grünholz auf Arbeit.«*

* Inste = Bezeichnung für eine kontraktlich gebundene Landarbeitskraft, die vom Arbeitgeber neben (meist geringem) Barlohn insbesondere eine (Familien-/Werk-)Wohnung, Ackerland zur eigenen Bestellung und Deputate in Form von Naturalien erhielt. (Erläuterung in Anlehnung an »Wörterbuch der Berufs- und Berufstätigkeitsbezeichnungen« von Dr. Fritz Molle, 2. Auflage, 1975.)

Torhaus (I)

Historische Torhäuser alter Güter sind immer ein Motiv. Wie jenes von Gut Krieseby in Schwansen. Mit seinem dreigestuften hölzernen Turm und der rundbogigen Tordurchfahrt mitten in einem langgestreckten, eingeschossigen Gebäude ist es eines der interessantesten im Lande.
Erbaut wurde das Torhaus von Christian Otte und seinem Sohn Johann Nikolaus. Deren Initialen »CHO« und »JNO« stehen auf zwei kleinen, geweißten Flächen im Dreiecksgiebel über der Durchfahrt. Darunter ist das Baujahr vermerkt: 1749.

Das Torhaus in Krieseby mit den Initialen der Ottes

Die Ottes waren in Eckernförde durch Schiffahrt und Fabriken zu Wohlstand gelangt. Auf Krieseby gründeten sie 1759 eine Fayence-Manufaktur.
Gut Krieseby ist reichlich älter. 1448 wird es in den Annalen als »Curia«, als Hof des Schleswiger Bischofs genannt. Nach dem Bistum waren bekannte Adelsfamilien, wie die Sehestedts, von Ahlefeldts, von der Wischs, von Schacks die Herren auf dem Gut. Friedrich von Ahlefeldt ging mit dem Anwesen 1720 in Konkurs. Nach-

folgende Eigentümer waren Cai von Schack und sodann Justizrat Krüger. Der verkaufte an Christian Otte.

Die Otte'schen Erben verkauften Krieseby – wieder an einen Ahlefeldt. Dieser betrieb bereits kurz darauf den Weiterverkauf an seinen Schwager, den Kammerherrn von Rumohr.

Eines Tages schritten gar Besitzer aus Großbritannien durch das Kriesebyer Torhaus. 1803 erwarben der englische Agent Georg Harward und ein Kaufmann Oliver aus London das Anwesen für 114.500 Taler Kurant. Harward wurde bald Alleineigentümer, kam finanziell total in die Klemme und entzog sich einen Gläubigern durch Flucht auf Nimmerwiedersehen.

Später war ein so honoriger Mann wie der Freiherr, Konferenzrat und Oberpräsident von Eggers Eigentümer von Krieseby. Nach seinem Tode wurde aber auch über seinen Nachlaß der Konkurs erkannt.

Das Kriesebyer Torhaus hat bis jetzt alle überlebt, die adeligen und nichtadeligen, die wirtschaftlich erfolgreichen und die finanziell gescheiterten Grundbesitzer. Ebenso hielt es die wechselnden Nutzungen aus. 1850, so berichtet die Chronik, waren im Torhaus die »Einrichtungen zur Meierei« untergebracht.

Der historischen Wahrheit wegen: Den dreistufigen Turmaufbau auf dem Torhaus haben die Ottes damals nicht mit errichten lassen. Das geschah erst im 19. Jahrhundert. Peter Hirschfeld hat dazu 1953 angemerkt*, durch diesen *»häßlichen Aufsatz«* sei das Torhaus *»verdorben worden«*. Im Sinne der reinen Lehre von stilgerechter Architektur hat Hirschfeld selbstverständlich recht. Aber uns Laien in Sachen Architektur und Stilkunde gefällt das Torhaus von Krieseby trotz »Aufsatz«. Um ehrlich zu sein: deswegen.

* In seinem Buch »Herrenhäuser und Schlösser in Schleswig-Holstein«, Deutscher Kunstverlag, 1953.

Rundturm

Eine richtige, komplette Rundkirche - wie in Dänemark - ist im Kreisgebiet nicht vorhanden, auch wenn die Region lange Zeit unter dänischer Krone stand.
Doch es gibt die Kirche zu Kosel. Sie ist zwar nicht ganz und gar rund, wohl aber ihr Turm. Der wurde aus demselben Grund in dieser Form gebaut wie die berühmten Rundkirchen im Dänischen: Rund verteidigt es sich besser.
Kamen vor Jahrhunderten Feinde oder Räuber in die Gegend, flüchteten sich die Bewohner der Nachbarschaft in den Turm. Mit seinen bis zu zwei Meter dicken, fensterlosen Mauern war er für damalige Zeiten eine recht sichere Zuflucht. Eine schmale, niedrige Eingangstür im Turmfuß wirkt immer noch eher wie ein Schlupfloch. Mit dicken Eichenbohlen gesichert, gab es für Unbefugte keinen Zutritt.
Erstmals gebaut wurde die Kirche nach Expertenmeinung vor dem Jahre 1200. Genau weiß man es nicht. Das Kirchengebäude ist teils aus Granitfindlingen, teils aus roten Backsteinen errichtet. Der 20 Meter hohe Rundturm ist ganz aus Feldsteinen aufgeführt, die in der oberen Turmhälfte mit roten Ziegeln verblendet sind. Auf dem Turm

blieb das Holzschindeldach erhalten - bis heute. An den Außenwänden stehen mannshohe Grabplatten aus dem 16. und 17. Jahrhundert aufgereiht und berichten davon, wer einst hier lebte. Die Kirche von Kosel ist steingewordene Landes-, Kirchen- und Baugeschichte. Zumindest von außen ist eine Besichtigung stets möglich.

Im Sommerhalbjahr fährt der Gast allzuleicht vorbei. Kirche und Turm verstecken sich dann hinter dichtem Laubwerk alter Bäume. Nur der in der Sonne goldgelb blinkende Wetterhahn oben auf der Turmspitze überragt alles und hat den schönsten Fernblick über die Landschaft Schwansen.

Wehrhaft und wohlgesichert: Das antike Vorhängeschloß (rechts), das den alten Eingang sichert (oben), steht in seiner Solidität dem massigen Rundturm der Kirche zu Kosel in nichts nach.

Sieseby – ein Wintermärchen

Seine Hoheit bedienen nicht selber; das nun nicht. Aber Eigentümer des »Schlie-Krog« in Sieseby ist Christoph Prinz zu Schleswig-Holstein-Sonderburg-Glücksburg schon. Wer in diesem Traditionsgasthof an der Schlei gegessen und getrunken hat, bekommt eine feine Klappkarte überreicht, der zu entnehmen ist, daß Seiner Hoheit Christoph das Anwesen gehört, für die exzellenten Küchenleistungen aber Pächter Peter Möller verantwortlich zeichnet.

Wie kommt, fragt sich der Gast, ein leibhaftiger Prinz zu einer solchen Gaststätte? Waren die hochblaublütigen Vorfahren einst knapp bei Kasse und haben deshalb hier Schnaps und Bier verkauft?

Natürlich nicht.

Die Erklärung: Im Jahre 1887 hat Herzog Friedrich Ferdinand von Schleswig-Sonderburg-Glücksburg das benachbarte adelige Gut Bienebek gekauft, um es seinem »Glücksburgischen Güterfideikommiß« zuzuordnen. Zum Gutsbezirk gehörten neben dem Gut selbst, das mit

Der Winter verzaubert in Sieseby die Reetdachhäuser ebenso wie die Kirche (rechts).

schloßartigem Herrenhaus, Torhaus und Aussichtsturm, Burggraben, Bootshafen an der Schlei, Mühle und Fischerrechten ausgestattet war, auch Teile des Dorfes Sieseby – einschließlich des Dorfkrugs. Das alles war im Kaufpreis von 615.000 Mark inbegriffen. Und so gehört der Schlie-Krog (hochdeutsch Schlei-Krug) noch immer dem Hause Schleswig-Holstein.
Die schwarzen eisernen Buchstaben »G.A.S.« nebst Jahreszahlen an den weißgestrichenen Wänden mancher der gepflegten Reetdachhäuser in Sieseby haben allerdings nichts mit den Hoheiten zu tun. »G.A.S.« steht für Gustav Adolf Schäfer. Der war vor den schleswig-holsteinischen Herzögen und Prinzen Eigentümer von Bienebek. »G.A.S.« hat, so berichten es Chroniken, viel für das Gut und den Ort getan und auch Neubauten errichten lassen.
Vor den Zeit Gustav Adolf Schäfers ist man gelegentlich wenig zimperlich mit Sieseby umgegangen. Die vormalige, uraltadelige Eigentümerfamilie Sehestedt zum Beispiel verschenkte das Dorf anno 1351 komplett an das St. Johanniskloster zu Schleswig. Die frommen Klosterleute zögerten nicht, ein solch artiges Geschenk freundlich entgegenzunehmen.
Klein, aber besonders fein, zeigt sich Sieseby direkt an der Schlei seinen Besuchern heute. Bei Schnee ein wahres Wintermärchen.

Königliche Jagdsteine

Es soll niemand in fremden Revieren pirschen. Und schon gar nicht in landesherrlichen Jagd-Hoheitsgebieten den Bock schießen. So befand es anno 1759 der dänische König Friedrich V. in seiner gleichzeitigen Eigenschaft als Herzog von Holstein und Schleswig. Damit über die Reviergrenzen gut sichtbare Klarheit herrsche, ordnete er an, seine »Wildbahnen« seien mit rechteckigen Granitsäulen von 10 Fuß Höhe zu markieren. In die »Jagdsteine« eingemeißelt wurden die Königskrone, das königliche Monogramm, die Buchstabenfolge »GAWB« und das Jahr, in dem der Stein aufgestellt wurde. »GAWB« ist die Abkürzung von Gottorfer-Amts-Wildbahn. Schloß Gottorf war herzoglicher Amtssitz.

Diese hoheitlichen Reviergrenzsteine müssen ihren Zweck erfüllt haben. Auch der später regierende König Christian VII. ließ seine hiesigen Wildbahnen mit gleichartigen Jagdsteinen abgrenzen. Nur stand jetzt auf den Steinen statt F5 (für Friedrich V.) natürlich C7 (für Christian VII.). Auf die Buchstabenfolge »GAWB« wurde offenbar zum Teil verzichtet oder nur WB (Wildbahn) markiert.

Einige dieser Jagdsteine aus der Zeit Christian VII. haben die Zeit überstanden. An der Straße von Kosel nach Missunde und an der Straße von Kosel nach Gammelby steht jeweils eine dieser Granitsäulen mit Königskrone, Monogramm und der Jahreszahl 1785. Der Jagdstein an der Straße von Missunde nach Weseby (am Waldrand an der rechten Seite) trägt die Jahreszahl 1791.

Rechts: Winterblick auf die Schlei

Jagdsteine an der Straße Kosel-Gammelby (links) und Kosel-Weseby (unten)

Die schönste Ostseeförde

Die Schlei ist 43 Kilometer lang. Und sehr unterschiedlich breit: 5 Kilometer an der Großen Breite, 100 Meter bei Missunde.
Mit ihren Buchten und Nooren, ihren Engen und Breiten, den hohen und niedrigen Ufern ist die Schlei die schönste Förde der Ostsee. Mit dem angrenzenden hügeligen Land in Schwansen diesseits und in der Landschaft Angeln jenseits bildet diese lange Förde eine parkartige Landschaft von ganz außerordentlichem Reiz. Ein Segler, der in Missunde festgemacht hatte, meinte: *»Von dieser Gegend kann man träumen.«* Wie wahr.
Die Hälfte der Schlei gehört zum Kreisgebiet Rendsburg-Eckernförde, der andere Teil zum Nachbarkreis Schleswig-Flensburg. Die Kreisgrenze verläuft stets ziemlich in der Mitte des Fahrwassers. Allerdings knickt die Kreisgrenze auf der Mitte der »Großen Breite« nach Süden ab. Das heißt, von hier ab, Richtung Schleswig, gehört diese Ostseeförde nicht mehr zum Kreisgebiet Rendsburg-Eckernförde. Auch »oben«, bei Kopperby, haben die Grenzzieher einen kleinen Abschnitt Schlei komplett dem Nachbarkreis zugeordnet.
Aber Kreisgebietseinteilungen finden auf Landkarten statt. Auf der schönen Schlei sind keine Kreisgrenzschilder verankert. So kann man die wunderbare Landschaft grenzenlos genießen.

Die Fähre und die Schlei-Prinzessin

»82 Personen. Tragkraft 17 t« steht in schwarzen Buchstaben auf weißer Tafel am Ruderhaus der Schleifähre Missunde. So sagt man wohl: »Ruderhaus«, obgleich der Fährmann üblicherweise kein »Ruder geben« muß. Weil die Fähre an einem dicken Stahlseil nicht nur hinüber und herüber gezogen sondern damit auch auf Kurs gehalten wird.

Das Seil, seitlich an der Fähre geführt und deutlich sichtbar, ist hüben und drüben am Ufer befestigt. Bei der Überfahrt wird das im Wasser »unten liegende« Seil bis auf Schiffshöhe angehoben. für die kreuzende Schiffahrt warnen rotgeränderte Tafeln auf der Fähre in Großbuchstaben: »Vorsicht Fährseil«. Allerdings, per Muskelkraft wie anno einst, muß der Fährmann sei-

Die Missunder Schlei-Fähre (links) und die »Schlei-Prinzessin« (oben) und ihr jeweiliger Antrieb

ne Fähre nicht mehr am Seil von Ufer zu Ufer ziehen. Das erledigt der Motor.

Nur die blanke Messing-Schiffsglocke, gleich neben dem Aufgang zum Ruderhaus, wird noch per Hand geläutet. Aber das ist meistens nicht erforderlich.

Flair hat die Fähre Missunde, mit der man übersetzen kann in die Landschaft Angeln im Nachbarkreis Schleswig-Flensburg, allemal.

Und dann kommt auch noch die »Schlei Princess« des Weges, ein mehrstöckiges Ausflugsschiff im historischen »american style«, mit Schaufelradantrieb am Heck: eine Prise Mississippi-Feeling an der Schlei.

Schleifischer

Waren das noch Zeiten, als sogar Schwansener Pastoren Fischereirechte auf der Schlei besaßen. Chr. Kock, vormals Lehrer in Bohnert, hat in seinem 1912 erschienenen Buch »Volks- und Landeskunde der Landschaft Schwansen« berichtet: *»Zu den Einkünften des Pastors in Kosel gehörte nach dem Kircheninventar von 1764 auch ein Fischzug in der Holmer Au und vor derselben auf der Schlei.«*
Im zeitigen Frühjahr zogen (und ziehen) die Heringe in dichten Schwärmen in die Schlei zum Laichen. Ein Fischzug - wie dem Koseler Pastor zugestanden - brachte dem Gottesmann reichlich Beute in die Netze.
»Fischereigerechtsame« auf der Schlei waren allzeit begehrt, manchesmal auch umstritten. Dann mußten Gerichte entscheiden, wer wann und wo auf der Schlei fischen durfte. Die Gutsherren, deren Besitz an die Schlei angrenzte, besaßen zumeist auch Fischereirechte. J.G. Kohl schreibt 1846 in seinem Buch »Reisen in Dänemark und den Herzogthümern Schleswig und Holstein«: *»Diese Herren nennt man Schleijunker.«*
Fischfang auf der Schlei wird nach wie vor betrieben. Heringsschwärme ziehen in diese schmale Ostseeförde wie eh und je. Der Fischer am Anleger in Missunde (Schwansener Seite) war trotz gutem Fang nicht zufrieden. *»Weil die Preise, die wir Fischer bekommen, doch einfach nicht stimmen.«* Nein, staatliche Förderung wolle er doch gar nicht. Nur Erlöse, von denen man leben kann. Auf die Politik, die doch Schuld an der Misere habe, war der Fischer von Missunde nicht gut zu sprechen. *»Schreiben Sie das mal«*, fügte er hinzu. Mit der Fischerei und wie es sich damit alles entwickelt hat, kennt der 62jährige sich aus. Er fischt seit Jahrzehnten.

Torhaus (II)

Der Mann muß sein Tun gehabt haben. War er doch Gutsherr auf Quarnbek, Amtmann zu Kiel und Probst des adeligen Johannisklosters bei Schleswig. Die Rede ist von Baron Hans Heinrich Kielmann von Kielmannsegg.
Mit dem im Mitteltrakt zweigeschossigen, hochaufragenden Torhaus von Quarnbek blieb ein sichtbares Zeugnis seines Wirkens bis heute erhalten. Eine Prise Barock nach hiesiger Gutsherrenart ist erkennbar.
Er, der Baron von Kielmannsegg und seine Frau Mette, geborene von der Wisch, haben das Torhaus 1671 errichten lassen. So soll es auch auf der Bautafel über der tonnengewölbten Durchfahrt stehen. Weil aber der »Zahn der Zeit« an dieser Inschrift nicht spurlos vorbei ging, ist der Text – trotz vorsichtiger Restaurierung – nur schwer zu lesen.
Ein solches Torhaus diente in verschiedener Weise gutswirtschaftlichen Zwecken. Oldekop schreibt 1908 in seiner »Topographie des Herzogtums Holstein« für Quarnbek: *»Torhaus mit herrschaftlichem Pferdestall für die Ackerpferde, sowie Schmiede und Rademacherwerkstatt.«* *

Das Torhaus von Qarnbek

* Früher wurden im Wagenbau die Berufe Gestellmacher und Rad(e)macher unterschieden. Später wurden sie zum Handwerksberuf Stellmacher vereinigt.

Flemhude – im idyllischen »Abseits«

Der Ringkanal ist die Sperre. Deshalb enden in Flemhude »alle Straßen«. Durchgangsverkehr findet nicht statt. Die Straße Landwehr-Achterwehr verläuft »draußen« am Ort vorbei. Eine einzige schmale Stichstraße, von mächtigen alten Bäumen gesäumt, führt in den Ort hinein. Diese »abseitige«, ruhige Lage beschert Flemhude eine geradezu idyllische Atmosphäre. Die wird verstärkt durch Reetdach-Häuser und -Häuschen. Und durch die altehrwürdige, frühgotische Kirche aus der Mitte des 13. Jahrhunderts. Mit eindrucksvollen Feldsteinmauern, langen, schmalen Spitzbogenfenstern und dem angesetzten, vorkragenden Türmchen von 1766 mit seiner geschweiften Haube.

Nur wenige Schritte sind es abwärts zum verträumten Ringkanal, auf dem »Ehepaar« Schwan majestätisch die Bahn zieht.

Sehestedt und das klassische Griechenland

Im Klassizismus, sagt das Lexikon, nahm sich die bildende Kunst, insbesondere die Architektur, die klassische Antike zum Vorbild. Klare Gliederung und einfache Form wie bei den alten Griechen waren die beherrschenden Stilelemente.
Klar und einfach, meinten die Sehestedter, das paßt zu uns, als sie anno 1820 ein neues Pastorat bauen ließen. Der eingeschossige Breitbau geriet klassizistisch klar und schlicht. Doch auch eine Spur vornehm, würdevoll, bedeutend. Dafür stehen die vier dorischen Säulen mit Segmentbogengiebel vor dem Mitteleingang. Keine Frage: Klassisch-Griechenland läßt grüßen.

Dörfliche Idylle in Flemhude (oben und links)

Scheunentor auf Gut Sehestedt

Ganz wollten die Sehestedter aber auf die einheimische, hergebrachte, dörfliche Bauweise nicht verzichten. Und verpaßten ihrem klassizistischen Pastorat ein regional-typisches Reetdach. Und siehe, dieser architektonische Mix steht dem Gebäude »gut zu Gesicht« - wie sich bis auf den heutigen Tag betrachten läßt.
Weil man gerade in Sehestedt ist: Die kleine, in Teilen spätromanische Kirche mit dem separat stehenden Holzturm auf hohem Ufer direkt am Nord-Ostsee-Kanal lohnt ebenso die Besichtigung wie markante Fachwerkscheunen des Gutes Sehestedt. Den Blick auf's stattliche Herrenhaus nicht vergessen.
Einen Spaziergang auf dem breiten, ebenen, sonnenbeschienenen Weg auf dem Kanalufer Richtung Osten sollte der Sehestedt-Besucher einplanen. Rechts der Kanal mit seinem internationalen Schiffsverkehr, links der Wald. Kein Autoverkehr stört (weil nicht erlaubt). Der kleine Wandertörn ist auch als Rundweg möglich. Hin am Kanal entlang, zurück durch den Wald. Oder umgekehrt.

Der »Swebenknoten« von Osterby

Von wegen, die alten Germanen waren ungepflegte Leute mit zotteligem Haar. Nichts dergleichen. Ihr langes Haar wurde gut gepflegt, sorgfältig gekämmt und gescheitelt und sodann zu einem seitlich getragenen Knoten, dem heute sogenannten »Swebenknoten« eingedreht. Diese Haartracht hat schon Tacitus* im Kapitel 38 seiner »Germania« als typisches Merkmal der Sweben beschrieben. Bekannt war der »Swebenknoten« auch von altrömischen Plastiken.

Ein Original aus der Vorzeit aber besaß die Wissenschaft nicht. Bis zum 26. Mai 1948. An jenem Tag gruben die Brüder Otto und Max Müller auf einer Parzelle ihres Vaters im Köhlmoor bei Osterby auf Torf. Dabei legten sie den abgetrennten Kopf einer Moorleiche frei. Sie bargen diesen mit großer Sorgfalt. Detlef Thomsen aus Damendorf sorgte für umgehende Meldung des Fundes, der dadurch konservatorisch behandelt und vor weiterer Einschrumpfung bewahrt wurde. Eine der wertvollsten Vorzeitfunde konnte gerettet werden.

Die wissenschaftliche Untersuchung** ergab ein sensationelles Ergebnis: Über der rechten Schläfe befand sich ein sorgfältig gedrehter, geradezu kunstvoll geschlungener »Swebenknoten«. Der allererste, der geborgen und nunmehr detailliert dargestellt werden konnte.

Der »Swebenknoten-Germane« aus Osterby war übrigens ganz offensichtlich enthauptet worden. Warum? Bestrafung, Mord, Menschenopfer? Über seinem Kopf lag ein aus Rehfellen gearbeiteter Schulterkragen, dessen Teilstücke mit sehr fein geschnittenen Darmstreifen zusammengenäht waren.

Das Ortswappen der Gemeinde Osterby zeigt den »Swebenknoten«. Ehre, wem Ehre gebührt.

Das Pastoratshaus von Sehestedt mit seinem klassizistischen Säulenvorbau

Das Gemeindewappen von Osterby mit dem »Swebenknoten«

* Tacitus, römischer Geschichtsschreiber, um 55–120 n. Chr.

** Die genannten Fakten hinsichtlich des Moorleichenfundes von Osterby wurden hauptsächlich aus der Zeitschrift »Offa«, Band 8, 1949, Seiten 1-7 entnommen, die Prof. Dr. Joachim Reichstein, Archäologisches Landesamt Schleswig-Holstein, dankenswerterweise in Kopie zur Verfügung stellte.

Weitere Unterlagen, sowie das Ortswappen, stellte das Amtsarchiv des Amtes Hütten zur Verfügung.

Die Pferde mit dem »5. Gang«

Die Frage des Chronisten: »Wie und warum kamen Sie zu Islandpferden?« »*Islandpferde*«, antwortet Peter Neumann, »*sind charakterstark, haben Temperament, sind aber gutmütig, geh- und leistungsbereit. Gegen Menschen haben sie keine Aggressionen, die tragen sie unter sich in der Herde aus. Islandpferde sind Pferde für die ganze Familie. Eltern und Kinder reiten auf den selben Turnieren, gestalten damit ihr Wochenende gemeinsam – und Vater ist nicht nur der Fahrer für reitbegeisterte Töchter.*«

Peter Neumann lächelt. »*Und außerdem*«, fügt er hinzu, »*ist Islandpferdehaltung und -zucht intensiver Umgang mit der Natur, in der Natur. Diese Pferde brauchen in der Herde viel Raum draußen.*«

Neumann ist Eigentümer des Islandpferdegestüts Osterbyholz, weit abseits jeglichen Verkehrslärms gelegen, wirklich mitten im freien, grünen Land zwischen Hüttener Berge und Eckernförder Bucht.

1973 hat er die alte Hofanlage in Osterbyholz übernommen, sie seit 1987 zum Gestüt mit 43 Hektar Land »Stück für Stück« entwickelt und ausgebaut. »*Seit 27 Jahren habe ich praktisch jedes Wochenende daran gearbeitet*«, sagt Peter Neumann. In der Woche geht er seinem eigentlichen Beruf nach, als Bauingenieur und Inhaber eines Fachbetriebs für Baugrunduntersuchungen. Inzwischen trägt sich sein Islandpferdegestüt Osterbyholz auch wirtschaftlich »in etwa« selbst. Mit den »Standbeinen« Zucht, Ausbildung der Pferde, Ausbildung von Reiterinnen und Reitern aller Altersklassen, der Vermietung einiger top-ausgestatteter Ferienhäuser und -wohnungen. Vier Mitarbeiter/innen werden beschäftigt.

Bei der hier ausgetragenen Europameisterschaft »EUROMOT 2000« im Juli 2000, bei einer Reihe weiterer großer und kleinerer Turniere waren Aktive und Passive aus dem In- und Ausland einer Meinung: »Osterbyholz ist die schönste, beste Turnieranlage für Islandpferde in Europa«. So ist denn die Stimmung an den Turniertagen hier auch immer besonders aufgeräumt und fröhlich. Auch die Teilnehmer an den verschiedenen Lehrgängen, bei den »Pferdefreizeiten«, die Sehleute an den Tagen der »Offenen Tür« fühlen sich auf Osterbyholz pudelwohl.

Islandpferde, lernt der Chronist, haben fünf Gangarten. Neben Schritt, Galopp und Trab auch den Pass und den berühmten Tölt. Peter Neumann erläutert: *»Tölt ist die Gangart im Viertakt, ohne Pause, immer im gleichen Rhythmus. Der Zuschauer hat den Eindruck, als gehe das Pferd auf Zehenspitzen. Für den Reiter ist es, als säße er auf einem Sofa. Tölt ist erschütterungsfreies Reiten, auch für Leute mit Rückenproblemen geeignet.«*

Auskunft, Jahresprogramm, Buchungen:
Islandpferdegestüt Osterbyholz, Sva-Jo-Weg,
24367 Osterbyholz bei Eckernförde.
Telefon 04351-45951, Fax 04351-45432.

Alles über Islandpferde, ihren »5. Gang« und sein Gestüt (links ein Teil der Stallungen) erläutert Pferdezüchter Peter Neumann (links unten).

Schönes Fleckeby

Wer auf der Bundesstraße 76 nur durch den Ort hindurchfährt, bekommt von Fleckeby entweder gar keinen, oder garantiert den falschen Eindruck. Deshalb: anhalten und spazierengehen! Schnell läßt sich nachvollziehen, warum Fleckeby im Jahr 2000 wieder Kreissieger im Wettbewerb »Unser schönes Dorf« wurde. Eingebettet in das abwechslungsreiche, leicht hügelige Terrain, blitzblanke, kleine Straßen mit feingepflasterten Gehwegen, gepflegte Häuser, alt wie neu, mit blütenbunten Sommergärten davor. Überall Grünflächen, viel Busch und Baum. Das Gebäude der Amtsverwaltung Schlei ist flankiert von Heckenrosen. Auffallend ist die allenthalben an-

Ein schöner Flecken: Fleckeby
Links ein Detail an der alten Schule

sprechende, sich »einfügende« Architektur der Neubauten. Hier wurde auf ein harmonisches Ortsbild geachtet.

Ein wahres Schmuckstück in wunderbarer, stiller Naturlage ist die Fleckebyer Kirche. Steingewordener Beweis, daß nicht nur alte sondern auch »junge« Kirchen schön sein können. Erst 1963 wurde die Kirche gebaut und eingeweiht. Vorher mußten die Fleckebyer zur Kirche nach Kosel. 1960 gründete Hans Valentiner einen

Fleckeby 1854

Fleckebys »junge« Kirche

»Fleckebye, Dorf an der Noelsbek, 1½ Meilen östlich von Schleswig an der Chaussee nach Eckernförde. (...) Fleckebye enthält außer der Königl. Hardesvogtwohnung 1 Vollhufe, 3 Halbhufen, 1 Achtelhufe und 20 Kathen; - Districtsschule. - Wirthshaus mit Brau- und Brennerei-Gerechtigkeit. 1 Steinhauer, 1 Tischler, 1 Rademacher und mehrere Handwerker. Im Jahre 1853 ward hier ein Briefversendungs-Bureau eingerichtet. (...)«*

(Aus: »Topographie des Herzogthums Schleswig« von Johannes von Schröder; zweite Auflage, 1854.)

* Hufner haben oder hatten ursprünglich einen Grundbesitz von wenigstens 4 Hufen (=120 Morgen) und ein ganzes Gespann (4 Pferde). Hufe war ehedem das gesamte, dem ersten Erwerber zugeteilte Ackerland, und zwar soviel, wie ein rüstiger Mann in 30 Tagen (= Morgen) mit seinem Gespann bearbeiten kann. (Angaben in Anlehnung an »Wörterbuch der Berufs- und Berufstätigkeitsbezeichnungen« von Dr. Fritz Molle, 2. Auflage, 1975.)

Kirchenbauverein, der in kurzer Zeit die notwendigen finanziellen Mittel zum Bau des Gotteshauses beschaffte. Die Fleckebyer Firma Johannes Wendt führte die Bauarbeiten aus.
Ein Blick noch auf die »Alte Schule«. Die steht an der Hauptstraße, an der B 76. Erinnerung an eine Zeit, in der nicht die endlose Karawane der Autos sondern allein Pferd und Wagen, Reiter und Fußgänger durch Fleckeby kamen.

Der Dorfteich von Goetheby

Einst hatte jedes Dorf seinen Dorfteich. Als Löschwasserreservoir, Viehtränke, Waschplatz, Badeplatz der Dorfjugend, Treffpunkt der Bewohner, Eislaufbahn. Und als »ökologische Zelle«, das heißt, als Lebensraum für Tiere und Pflanzen. In unserer »modernen« Zeit haben Dorfteiche diese Aufgaben schon lange verloren. Mit dem Ergebnis, daß viele Dorfteiche nach und nach ganz einfach verschwunden sind oder ein wenig beachtetes Kümmerdasein führen. Manche aber blieben doch erhalten, werden liebevoll gepflegt oder wieder angelegt. Wie in Goetheby.

Hier ist der Dorfteich in neuem Glanz entstanden. Es ist ein interessanter Dreiecksteich. Mit einer kleinen Grünfläche davor, seitlich eingefaßt von Natursteinböschungen. Die Granitquader als Träger des Holzzaunes sind ehemalige Pfosten von Heck- und Hofeinfahrten, zur Verfügung gestellt von Landwirten. Ein Anwohner am Dorfteich: *»Es war gar nicht so einfach, die alle zu beschaffen.«*

Mutter Wildente mit ihrer Kükenschar schwimmt von Ufer zu Ufer, macht dann einen Landausflug auf den Uferrasen. Nur zwei ihres putzmunteren Nachwuchses spielen noch Verstecken zwischen den Wasserpflanzen am seichten Teichrand. Eine hohe Kastanie an der Straße spendet Schatten. Schön hier.

Tiefblau

Zweimal tiefblau:
Der Dorfteich von Goetheby
und der Westensee

Der große, weite Westensee mit seinen vielen Buchten. Einer der schönsten Seen des Landes. Auch im Winter. Wenn an kalten, wolkenlosen Tagen das Wasser tiefblau leuchtet. Das braune Schilf, die kahlen Bäume am Ufer im Schein der tiefstehenden Wintersonne komplettieren das stimmungsvolle Bild.

Heilige Catharina – zweimal

Die St.-Catharina-Kirche ist der optische Mittelpunkt des 1000-Einwohner-Ortes Westensee am See gleichen Namens. In vorreformatorischer Zeit war St. Catharina eine vielbesuchte Wallfahrtskirche. Zu welcher Sankt Catharina gewallfahrt wurde, gehört heute vermutlich zu Expertenwissen. Es gibt laut Albert Christian Sellners »Immerwährender Heiligenkalender«* deren zwei: Die Heilige Katharina von Alexandria, eine »Jungfrau und Märtyrerin«, gestorben um 308 und die Heilige Katharina von Siena, »Jungfrau«, die von 1347–1380 lebte. Vielleicht hat man in Westensee auch bei beiden Katharinen um Schutz, Trost und Hilfe gebeten. Sicher ist sicher.

Heute finden von Mai bis September 14tägig sonntags die bekannten Catharinen-Konzerte in der Kirche statt, von deren Gründungsbau aus dem mittleren 13. Jahrhundert Teile erhalten sind. Daß das Gotteshaus – und das vornehmlich – allen kirchlichen Aufgaben dient, versteht sich.

Gewallfahrtet wird nach Westensee nicht mehr. Viel besucht ist der Ort aber auch heute. Als trefflicher Ausgangspunkt für Wanderungen, Radtouren, Exkursionen im Naturpark Westensee, der herrlichen Landschaft rundherum. Und der Spaziergang durch Westensees alten Dorfkern hält

* Eichborn Verlag, 1993

Güter-Gedanken

St. Catharina zu Westensee
und die beeindruckende Scheune
von Gut Bossee

für den aufmerksamen Beobachter manche kleine Überraschung aus vergangenen Tagen parat. Wie den steinernen Sockel mit dem eingelassenen eisernen Ring zum Anbinden der Pferde vor der ehemaligen Gastwirtschaft Beckmann.

Mit Gutshöfen ist es wie mit anderen Liegenschaften auch. Die einen sind bestens erhalten, aufgeräumt, gepflegt, in prima Vorzeigezustand. Bei anderen nagt der »Zahn der Zeit« sichtbar, ist hier und da auch das »Drumherum« besserungsfähig.

Für das eine wie das andere wird es Gründe geben: persönliche, wirtschaftliche, bautechnische, rechtliche ...

Keine Frage, historische Herrenhäuser in heute nicht mehr praktikabler Größe und Riesen-Gutsscheunen, die ihren ursprünglichen Sinn längst verloren haben, zu erhalten, zu pflegen, zu renovieren und restaurieren, ist stets mit immen-

sen Kosten verbunden. Zumal viele dieser Gebäude unter Denkmalschutz stehen, Veränderungen nicht zulässig sind.
Die vielen Güter im Kreisgebiet befinden sich in der Mehrzahl in persönlichem Familienbesitz. Und sind doch auch - kulturhistorisch und »einfach so« - von öffentlichem Interesse. Dank gebührt den Gutsbesitzern, die sich engagiert für den Erhalt solcher Anlagen einsetzen und dafür in manchen Fällen einen »finanziellen Kraftakt« riskieren (müssen).
Zu den gepflegten, wohlanzusehenden Gutsanlagen gehört Bossee. Von der Straße aus kann das gesamte Bautenensemble auf dem weitläufigen Gutshof betrachtet werden. Vornean das imponierende »Kuhhaus« von 1709, nach einem Brand 1924 wiedererrichtet und um einen Flügel erweitert, mit dem weichgerundeten, formschönen, reetgedeckten Dach und dem halbrunden Torgiebel. Zurückliegend die breite Front des weißen Herrenhauses. Und rechts vorne, zur Straße hin, ein in dieser Form eher seltener Gruppenbau aus rotem Ziegelmauerwerk mit einem Turm. Der soll als Wasserturm gedient haben. Eine steinerne Inschriftentafel am Gebäude informiert mit Initialen und Jahreszahl über Bauherrn und Baujahr. Ein von Bülow hat bauen lassen, 1896.
Gut Bossee liegt - nahe des Westensees - an der Kreisstraße 23, die auf der Strecke Ort Westensee/Felde von der Landstraße 48 abzweigt und nach Brux führt. Übrigens: Die an der L 48 gelegene, besonders malerische, langgestreckte Westenseebucht heißt ebenfalls Bossee.

Rechts: Gutshaus Emkendorf

Gut Bossee: Detail an der Scheunenwand und der Turm im »Gruppenbau«

Emkendorf: das kulturelle Erbe bewahren

Anno 1779 heiratete Fritz Graf Reventlow Julia Schimmelmann. Julia war die Tochter von Heinrich Carl Schimmelmann, einem Mann von bemerkenswerter Laufbahn: Mecklenburger Kaufmann, Heereslieferant von Friedrich dem Großen, Steuerpächter in Kursachsen, erfolgreicher Bänker in Wechselgeschäften und Staatspapieren, Großaktionär, »Schatzmeister« des dänischen Königs, Fabrikbesitzer, Eigentümer von Plantagen in Übersee einschließlich Sklavenhalter daselbst, Gutsbesitzer in Dänemark und Schleswig-Holstein. »Folgerichtig« wurde der Mann geadelt, zum Freiherrn, später zum dänischen Lehnsgrafen. Heinrich Carl Schimmelmann war reich, sehr reich.

So konnte er seiner Tochter Julia, nunmehrige Gräfin Reventlow, und seinem Schwiegersohn finanzielle Mittel in großem Ausmaß zur Verfügung stellen. Wovon diese Gebrauch machten. Um das Herrenhaus Emkendorf, das man seit 1786 bewohnte, aufwendig auszubauen und großartig neu auszustatten. Um Alleen, Gärten und Parkflächen anzulegen, um den Wirtschaftshof teilweise neu zu gestalten und zu erweitern. Vor allem aber, um Emkendorf zum geistigen und kulturellen Mittelpunkt des Nordens zu machen, verbunden mit einer außerordentlichen Gastfreiheit. Julia Reventlow war die »Seele« des »Emkendorfer Kreises«. Die Liste der Emkendorfer Gäste jener Zeit ist lang und erlesen.

Neben vielen anderen weilten Klopstock und Matthias Claudius häufig zu Besuch.
1816 ist Gräfin Julia Reventlow gestorben. Die Schimmelmannschen Gelder waren nach dem dänischen Staatsbankrott von 1813 schon zuvor versiegt.
Bis auf den heutigen Tag hat Emkendorf einen »besonderen Namen«. In einem Aushang ist unter anderem nachzulesen:
»Seit 1929 liegt der Besitz in den Händen der Familie Dr. Curt Heinrich. Heute wird sehr viel Mühe, Kraft und Geld aufgewendet, um (...) das Kulturgut einer vergangenen Epoche zu hüten, zu pflegen und zu erhalten. In den Räumen des Hauses finden regelmäßig Lesungen und Konzerte statt.«

Das Gutshaus und die »weiße Brücke« auf Emkendorf. Im Park blühen frühjahrs die Schlüsselblumen.

Höhepunkte im vielfältigen kulturellen Angebot auf Emkendorf sind alljährlich die Veranstaltungen des Schleswig-Holsteinischen Musikfestivals. Führungen durch das Herrenhaus (Gruppen ab 20 Personen) sind nach telefonischer Terminabsprache möglich; Telefon 04330-463.
Der Spaziergang durch den öffentlich zugänglichen Park mit seinem alten Baumbestand und der »weißen Brücke« über dem Hasensee ist ein Erlebnis schönster Natur.

Der französische Däne auf Emkendorf

Zu der Zeit, da der König von Frankreich die Hugenotten ihres Glaubens wegen verfolgte, floh ein Mann namens Jean Henri Huguetan nach Dänemark, erwarb dort als Kaufmann und durch Heirat Geld, Besitz und Ansehen und brachte es zum dänischen Lehnsgrafen von Güldenstein. In Paris hatte er einen nichtehelichen Sohn. Mit einer Hutmacherin, wie berichtet wird. Wobei auffällt, alle unehelichen Mütter in Paris waren zu der Zeit arme Hutmacherinnen. Jedenfalls wohnte diese in der Rue de Mercières. Diese Straßenbezeichnung wurde zum Nachnamen des unehelichen Kindes erwählt. Der Vater kümmerte sich um Ausbildung und Fortkommen des Sohnes, der es »zu etwas brachte« und sich schließlich auch in Dänemark niederließ. Dort wurde er Bankdirektor und einer der reichsten Männer seiner Wahlheimat. Mit finanziellen Mitteln derart reich bestückt, erwarb der französische Däne diverse Ländereien und Güter. Neben anderen auch Emkendorf. Die große Scheune – vis-à-vis vom Kuhhaus – wurde 1745 erbaut. Damals, als Emkendorf dem Herrn Desmercières gehörte.

Im Laufe der Jahrhunderte gehörte Gut Emkendorf im Wechsel unter anderem den Adelsfamilien von Ahlefeldt, von Rantzau, von Bülow, von Reventlow. Das ist im Rahmen der schleswig-holsteinischen Adels- und Gutsgeschichte unter der Rubrik »ganz normal« einzuordnen.
Anno 1743 aber hat ein Herr Desmercières Emkendorf erworben. Dessen Name steht im einheimischen Adelsregister nicht vermerkt. Desmercières – das klingt französisch. Das ist es auch. Und das hier im holsteiner Land, in der Region des alteingesessenen Adels?
Erzählt wird diese Geschichte:

»Eiszeit-Produkte«

Der kleine See mitten in Felde ist eine Zierde des Ortes. Ob vom direkt daran angrenzenden Kaffee-/Biergarten der Gaststätte »Felder Seegarten« oder von der gegenüberliegenden Seite aus betrachtet, das Gewässer ist stets fein anzusehen.
Die Eiszeiten und die ihnen nachfolgenden riesigen Schmelzwasserströme haben diese »große Kuhle« ausgestrudelt, ausgekolkt. Eine um die 12000 Jahre alte Hinterlassenschaft, für die man in Felde dankbar ist.
Gleichermaßen froh ist man über das große »Eiszeit-Produkt« Westensee. Das Gemeindegebiet von Felde grenzt unmittelbar daran. Deshalb betrachten die Leute in Felde den Westensee als zu ihnen gehörig. Einen nicht zu kleinen Teil jedenfalls.

So ist das eben, manche Orte sind bei der Zuteilung mit schöner Natur besonders gut bedacht worden. Kein Wunder, daß diese Gemeinde – an der Straße Achterwehr–Westensee und knapp 14 Kilometer vor Kiel gelegen – ein gefragtes Wohngebiet ist. Spezialität: Einfamilienhäuser mitten im Grün. Feldes einst bäuerliches Herkommen ist dabei nach wie vor nicht zu übersehen. Manche stolze Hofgebäude zeugen noch davon.

Begonnen hat alles eher bescheiden, wie Henning Oldekop 1908 in seiner »Topograhie des Herzogstums Holstein« berichtet hat:
»Felde gehörte früher zum Gut Klein Nordsee (...). Als der Besitzer genannten Guts, J.P. von Neergard, dasselbe 1806 an O.J.D. Wulff verkaufte, reservierte er sich das Dorf Felde, welches 1817 die Gräfin von Moltke und 1827 die Kammerherrin von Neergard auf Eckhof für 38.300 Reichstaler kaufte, welche dann die Landstellen des Dorfes an die Inhaber zum Eigentum verkaufte.«

Felde:
Links: So bauten sie früher...
...und so heute (unten)

Hüttener Berge – von der Eiszeit »modelliert«

So eine Eiszeit hat ja gedauert. Die letzte, die hier stattfand, um die 100.000 Jahre. Nach Expertenurteil von etwa 120.000 v. Chr. bis 20.000 v. Chr. Andere meinen, bis 12.000 v. Chr. Zwischendurch hat sich der Eispanzer mit seinen vorgestreckten Eiszungen mehrfach etwas zurückgezogen, um dann erneut vorzustoßen. Unendlich langsam, nach Jahrtausenden gerechnet. Natur hat Zeit.
Die letzte Eiszeit hat durch ihre unvorstellbar mächtigen Schub- und Stauchkräfte, durch Hobelwirkung Kilometer hoher Eismassen und schließlich durch Schmelzwasserströme das Oberflächenprofil weiter Teile des Kreisgebietes geformt.

Nicht hochalpin, aber immerhin: Die Hüttener Berge

Hügel, Kuppen, Landwellen, Senken, Ebenen, Täler entstanden, ebenso Ostseeförden und Seen. Auch die Hüttener Berge sind »durch die Eiszeit geboren«. Fachleute sagen, dieses Gebiet (wie auch die Höhen am Westensee) sei ein markantes Beispiel für eine Stauch-Endmoräne.
Uns Laien beschleicht eine leise Ahnung, welche Urkräfte der Natur am Werke gewesen sein müssen, um Höhen wie den Scheelsberg (106 Meter) »zusammenzuschieben«.

Wo Glashütten waren

»Die Hüttener Berge gehören zu den interessantesten Bodenerhebungen der Provinz. Aus der Ebene steigt eine Hügelgruppe bzw. -kette hervor, die sich ganz wie eine Mittelgebirgs-Landschaft ausnimmt. Die kahlen Gipfel erheben sich bis zu 106 m über den Meeresspiegel. Der Name verdankt seine Entstehung dem Umstande, daß hier in früheren Zeiten Glashütten lagen.«

(Aus: *»Die Provinz Schleswig-Holstein« von Johannes Schmarje; 2. Auflage, 1904.)*

Monumental

Zu Kaisers Zeiten liebte man Monumentales. Erst recht in Sachen Heldenverehrung und dergleichen. Damit Monumentales noch monumentaler wirkte, wurden beispielsweise Denkmäler gern erhöht gestellt.
Wie der 7 Meter hohe Bismarck. Der steht – gestützt auf ein Monstrum von Schwert – a) auf einem Sockel und b) auf dem 98 Meter hohen Aschberg. Inmitten der so gar nicht monumentalen sondern lieblichen Landschaft Hüttener Berge.

Der »eiserne Kanzler« in Bronze auf dem Aschberg

Obstblüte

Am Weg von Ascheffel zum Aschberg. Auf der grasgrünen Hofkoppel eines landwirtschaftlichen Betriebes blühen Hochstamm-Birnbäume. Eine volle, dichte Blütenwolke in weiß. Davor das hölzerne Hecktor. Der Wegrand ist löwenzahngelb dekoriert.
Ein malerisches Frühlingsmotiv.

In der Knicklandschaft bei Ascheffel

Die Knicks in den Hüttener Bergen

Knicks gehören zum Landschaftsbild. Hier mehr, dort weniger. Nur in Marsch-, Moor- und Niederungsgebieten fehlen sie zumeist.
Unter der Überschrift »Die Hüttener Knicklandschaft« hat Günther Marquardt im Jahre 1950* die Hüttener Berge als »Hauptknickgebiet« eingestuft. Vom »engen Knickbestand« und »enger Kammerung der Felder« ist die Rede.

* »Die Schleswig-Holsteinische Knicklandschaft«, Schriften des Geographischen Instituts der Universität Kiel; Band XIII, Heft 3, 1950.

Zur Historie führt Marquardt aus:
»Die erste Erwähnung von lebenden Einfriedungen im Amt Hütten fällt ins 17. Jahrhundert. Denn Herzog Friedrich IV. gab seinem Jägermeister am 2.12.1698 zu verstehen, daß in den Hüttener Bergen von den dortigen Untertanen beträchtliche Eingriffe in den Waldbestand vorgenommen wurden, um Zaunholz für Feldmarken zu gewinnen. Der Herzog befahl deshalb, die Koppeln mit Steinen, Gräben und lebendigen Zäunen einzufriedigen.«

Heckenrosen und Holunder

Mitte Juni. Im Knick blühen Heckenrosen. Weit geöffnet, wie eine kleine, zarte Kelchschüssel, warten die blaßrosa Blüten mit ihren gelben Staubgefäßen auf Bienen- und Käferbesuch. Zwecks Bestäubung. Damit aus Blüten leuchtend rote Hagebutten werden.

Daneben hat ein Holunderstrauch seine weißen Blütenschirme aufgespannt.

Ein Jelängerjelieber (auch Geißblatt genannt) nutzte den Haselbusch als Klettergerüst. Sich hochwindend haben die Stengel die Spitze erreicht. Wie in einem Quirl zusammengefügt, zeigen die noch geschlossenen, bereits erkennbar mehrfarbigen Blüten fingerartig nach oben.

Wer die hügelige Landschaft der Hüttener Berge besucht, kann sich auch heute noch an einer beträchtlichen, überdurchschnittlichen Knickdichte erfreuen. In der Informationsbroschüre des Amtes Hütten (1998) heißt es in einer Kurzdarstellung der Gemeinde Ascheffel unter anderem: *»Kennzeichnend für die Landschaft um Ascheffel, in der keine Flurbereinigung durchgeführt worden ist, sind die vielen Knicks auf 130 km Länge.«*

Und »enge Kammerung der Felder« kann vielfach wie vor 50 Jahren festgestellt werden.

Nicht zuletzt die Knicks im hügelig-welligen Auf und Ab der Landschaft machen den Reiz der Hüttener Berge aus.

»Beerige« Erfrischung

Unten vor den Knickbüschen landen nektarsuchende Falter auf den ersten Blüten der Roten Taglichtnelke.
Einige Schritte weiter laden Weiße Lichtnelken den Spaziergänger ein, eine Nasevoll Blütenduft zu schnuppern. Allerdings, diese schöne Wildblume öffnet ihre weißen, duftenden Blüten so richtig erst am späten Nachmittag. Der Grund: Die Weiße Lichtnelke ist eine Nachtfalterblume. Die Natur hat eben auch bei Blumen und Blüten so ihre speziellen Eigenarten.

Dreimal »Knick mit H«:
Heckenrosen, Holunder und Himbeeren gehören zur typischen Vegetaton der Knicks.

Milchkannen der Haushaltsgröße 2 Liter sind ziemlich aus der Mode gekommen. Im Supermarkt gibt's Milch abgepackt. Null Bedarf für Milchkannen.
Das Pärchen auf einem kleinen Feldweg »irgendwo« in den Hüttener Bergen war jedoch damit ausgerüstet. Eine Kanne für sie, eine Kanne für ihn. Nur Milch sollte da nicht hinein. Die beiden etwa Vierzigjährigen waren an diesem schönen Hochsommertag auf »Beerentour«: Himbeeren pflücken. Keine Kulturhimbeeren in einer Plantage sondern Wildhimbeeren im Knick am Wegesrand. Wer die »Stellen« kennt, kann in der Gegend reichlich fündig werden. Wanderer (ganz ohne Milchkanne) freuen sich über die rote, »beerige« Erfrischung. Ein Gaumengenuß. Sonnenreife Wildhimbeeren vom Knick frisch in den Mund haben den absoluten, feinen Himbeergeschmack, ein köstliches Aroma.

Jetzt heißt sie »Auguste«

Von Groß Wittensee hat schon Johannes von Schröder im Jahre 1854 in der 2. Auflage seiner »Topographie des Herzogthums Schleswig« geschwärmt:

»Groß-Wittensee. (...) Dieses Dorf welches von Anhöhen und Niederungen umgeben ist, hat eine schöne Lage; einige Häuser liegen dicht am See und andere auf 60 bis 100 Fuß hohen Terrassen. Die Hauptstraße ist gepflastert und die schönen und wohlhabenden Gebäude sind mit Obstgärten umgeben.«

Diese Ortscharakteristik gilt unverändert. Nur hat der 990-Einwohner-Ort seither seine innere Struktur verändert. Vom Bauerndorf zur Fremdenverkehrsgemeinde. Außerdem ist Groß Wittensee Sitz der Amtsverwaltung mit den zugehörigen Gemeinden Haby, Holtsee, Holzbunge, Klein Wittensee, Neu Duvenstedt und Sehestedt. Wahrzeichen des Ortes - neben dem See, versteht sich - ist die 127 Jahre alte Windmühle. Die war vor Jahren ziemlich schadhaft, die Flügel verfallen. Der 1992 gegründete »Mühlenverein zur Erhaltung der Groß Wittenseer Windmühle« und das Eigentümerehepaar Waltraut und Hans Lemke haben sich dann an die Restaurierung und Sanierung gemacht. Drei Jahre lang wurde gearbeitet. Viel privates, öffentliches, auch gespendetes Geld mußte investiert werden.

Es hat sich gelohnt. Die Windmühle Groß Wittensee ist »wiedererstanden«. Pfingsten 2000 war feierliche Neueinweihung. Und getauft wurde die bis dahin namenlose Windmühle auch. Auf den Namen »Auguste«. So hieß die Großmutter von Hans Lemke mit Vornamen. Die Großeltern hatten die Mühle im Jahre 1917 gekauft.

Wer »Auguste« ganz nah erleben will, kann die Ferienwohnung im Mühlengebäude mieten (Telefon 04331-31260). Für Besuchergruppen, auch gern Schulen und Kindergärten, ist die Besichtigung der Windmühle nach Anmeldung möglich (Telefon wie vor). Feste Öffnungszeiten, auch

für Einzelbesucher, sind – Stand November 2000 – in der Planung.

Wittenseer Quelle

Angefangen hat es mit Lehrer Naeve. Bei seinen Besuchen der Familie Schnack war ihm die sehr gute Qualität des dargebotenen Brunnenwassers aufgefallen. Er empfahl seinen Gastgebern, eine Wasseranalyse machen zu lassen. So geschah es. Die Analyse bestätigte wissenschaftlich den Eindruck des Lehrers. Die Schnacks erkannten die wirtschaftlichen Chancen ihres Brunnens und begannen, Mineralwasser abzufüllen: Die Geburtsstunde der »Wittenseer Quelle« – im Jahre 1896! Der Mineralbrunnen und der Schnack'sche Abfüllbetrieb befanden sich auf jenem Gelände in Groß Wittensee, auf dem die »Wittenseer Quelle« auch heute noch aktiv ist.

Die Windmühle »Auguste« in Groß Wittensee

Geschäftsführer Hans-Werner Grützmacher (links) und sein Fahrer Heinrich Kühl vor einem der Lastzüge der Wittenseer Quelle

Im Jahre 1908 ging der Betrieb in den Besitz der Familie Blunck über. Im Eigentum dieser Familie ist die »Wittenseer Quelle« geblieben, von Generation zu Generation, über alle Höhen und Tiefen des Zeitlaufes von fast 100 Jahren. Heute geleitet von den Geschäftsführern Sabine Blunck und Hans-Werner Grützmacher.

Wie zu Jürgen Schnacks Zeiten wird Mineralwasser abgefüllt. Jetzt gefördert aus einem 80 Meter tiefen Brunnen. Ein Geschenk der Natur, aus dem »Tresor der Eiszeit«. Geschäftsführer Hans-Werner Grützmacher: *»Das Mineralwasser der ›Wittenseer Quelle‹ ist ein natürliches Wasser. Es hat seinen Ursprung in einem unterirdischen, von Verunreinigungen geschützten Wasservorkommen. Es ist von ursprünglicher Reinheit und besitzt bestimmte ernährungsphysiologische Wirkung aufgrund seines Gehaltes an Mineralstoffen und Spurenelementen.«*

Weil sehr natriumarm, ist die »Wittenseer Quelle« ideal für salzarme Ernährung. Da zusätzlich der Grenzwert für Fluorid deutlich unterschritten wird, Nitrat und Nitrit praktisch nicht enthalten sind, eignet sich dieses Mineralwasser hervorragend zur Zubereitung von Säuglingsnahrung.

Vor allem aber: »Wittenseer Quelle« schmeckt vorzüglich. Und ist ein prima Durstlöscher. Die Kunden bestätigen, was das Unternehmen als Slogan kundtut: *»Wittenseer Quelle löscht Nordsdurst«*. Die Sache mit dem gelöschten N o r d s durst trifft. Im Norden, nämlich in

Flaschen am laufenden Band: Links der »Eingang« zur riesigen Flaschenwaschmaschine, oben das Band zur Befüllung

Hamburg und Schleswig-Holstein, werden die Produkte des Unternehmens mittels eigenem Fuhrpark vor allem vertrieben. *»Ohne uns fehlt ein Stück Norden«*, meint die Firmenwerbung selbstbewußt. Kein Einspruch!

Nicht nur pures Mineralwasser in den Formen »Classic«, »Medium« und »Stilles Wasser« wird verkauft sondern weitere 18 Produkte. Wie zum Beispiel: Orangenlimonade, Waldmeister light, Zitrone fruchttrüb, Sport-Vital, ACE, Lemon, Cola-Mix. Für alle Produkte wird das natürliche Mineralwasser der Wittenseer Quelle verwendet.

Eindrucksvoll ist der Blick in die Produktionsräume. Mit der riesigen Flaschenwaschanlage, der Kastenwaschanlage, dem Füller mit 120 Füllventilen, den Transportbändern. Und mit dem »Flaschen-Inspektor«, der alle Flaschen mehrfach fotografiert, im Vergleich zum »Soll-Bild« jegliche Fehler erkennt, fehlerhafte Flaschen automatisch aussortiert, jeden Vorgang per Computer protokollarisch festhält.

Besichtigung der »Wittenseer Quelle« ist für Gruppen (bis zu 20 Personen) nach Anmeldung und Terminabsprache möglich.

Anschrift: Mühlenstraße 29,
24361 Groß Wittensee.
Telefon 04356-99710.
www.wittenseer-quelle.de

Sande am See

Etwa fünf Kilometer lang, zwei Kilometer breit und in der Form eines ziemlich gleichmäßigen Rechtecks, bringt es der Wittensee auf 1034 Hektar. Die bekanntesten Orte am See sind Groß Wittensee, Klein Wittensee und Bünsdorf.

Die kleine Siedlung Sande, zu Holzbunge gehörend, ist eher ein Geheimtip. Dabei hat Sande auf hohem Ufer mit dem weiten See gewissermaßen »zu Füßen« viel Flair. Da außerdem die Fischer vom Wittensee, die Familie Bening, hier ihr Domizil haben, fügen sich Fischerboote und Fischerutensilien zusätzlich malerisch ins schöne Bild.

Die Familie Bening ist seit mehr als 100 Jahren Fischereipächter des Sees, von dem Oldekop schon 1908 berichtete: *»Der See (...) ist sehr fischreich, der Grund ist Kiesgrund, Fische sind von vorzüglicher Güte.«* Da die Benings nicht nur Fische fangen, sondern diese frisch und geräuchert sowie in Form delikater Fischsalate auch verkaufen, finden Fischkenner und Fischkunden den Weg in das Geschäft in Sande am See.

Berühmt durch Barsche

»Der bedeutendste See Schleswigs aber ist der Wittensee, fast ½ Quadratmeile groß, zwischen Eckernförde und Rendsburg, berühmt durch die darin gefangenen Barsche; in der Nähe liegt in höchst anmuthiger Umgebung der Kleine Bistensee.«*

(Aus: *»Topographie des Herzogthums Schleswig« von Johannes von Schröder, zweite Auflage; 1854:)*

Nicht am Sande: Sande am See mit vielen Details fürs Auge

So wurde Büdelsdorf zur Stadt

Das moderne Rathaus der Stadt Büdelsdorf (oben) und der Eingang zum Sitz von MobilCom (rechts)

1914 wollten die Büdelsdorfer sich eingemeinden lassen. Nach Rendsburg. Im »Verwaltungsbericht der Gemeinde Büdelsdorf 1914–1926«* ist diese Passage nachzulesen:

»Am 27. April 1914 wurde vom Haus- und Grundbesitzerverein hierselbst eine Petition an die Gemeindevertretung eingereicht, in der gebeten wurde, die Eingemeindung Büdelsdorfs in den Stadtbezirk Rendsburg zu betreiben. Diese Petition erhielt 230 Unterschriften. Vom Vorstand des Haus- und Grundbesitzervereins wurde betont, daß fast sämtliche Eingesessenen der Gemeinde dringend die Beschleunigung der Eingemeindungsfrage wünschten.«

Geworden ist daraus nichts, trotz der unmittelbaren Nachbarschaft zur Kreisstadt. Die heutigen Büdelsdorfer sind darob froh. Wurde doch der Ort mit 10.500-Einwohnern von der Landesregierung nun sogar zur Stadt erhoben. Mit Wirkung ab Beginn des 3. Jahrtausends unserer Zeitrechnung. Stadt Büdelsdorf seit dem 1.1.2000. Das ist ein Datum!

Die Sache mit der Stadt (statt »nur« Gemeinde) ist berechtigt. Büdelsdorf hat sich in den letzten Jahren enorm entwickelt. Ein gelungenes Ortszentrum entstand. Kunst und Kultur werden gefördert. Vor allem: die Wirtschaft boomt. Mit einer Standortpolitik nach Maß konnten ansiedlungswilligen Unternehmen gute Rahmenbedingungen geboten werden. Manche Büdelsdorfer Betriebe pflegen weltweite Geschäftsbeziehungen. Angemerkt: MobilCom hat seinen Firmensitz in Büdelsdorf.

Da haben sich die einstigen Gemeinde- und jetzigen Stadtvertreter sowie die Verwaltung offensichtlich daran gehalten, was ihnen der damalige Amts- und Gemeindevorsteher Walter Stamer und sein Verwaltungs-Obersekretär Robert Drasdo im Jahre 1926 ins Stammbuch, sprich in den Verwaltungsbericht* geschrieben haben:

»Ein aufstrebendes Wirtschaftsleben gewährleistet Wohlstand und Wohlergehen für alle Kreise der Bevölkerung. Es gehört daher zu den ersten Aufgaben der Kommunalpolitik, Handel und Verkehr zu heben und durch geeignete Maßnahmen günstige Vorbedingungen für eine gute Entwicklung der ortsansässigen Wirtschaft zu schaffen.«

* »Verwaltungsbericht der Gemeinde Büdelsdorf 1914–1926«, erschienen im Selbstverlag der Amts- und Gemeindeverwaltung Büdelsdorf; 1926.

Ihrem Gerhard sind die Rendsburger dankbar

Gerhardstraße, Gerhardsdamm, Gerhardsteich, Gerhardshain, Gerhardsbrunnen, Gerhardsstandbild - an einen gewissen Gerhard wird in Rendsburg vielfach erinnert. Diese Ehrungen gelten Graf Gerhard III., aus der Rendsburger Linie der Schauenburger Grafen, einem Urenkel von Graf Adolf IV., dem Gründer der Stadt Kiel.
Graf Gerhard, hierzulande auch Gerhard der Große genannt, wurde um 1292 auf dem (1718 abgebrochenen) Rendsburger Schloß geboren. Als Nachfolger seines Vaters, Heinrich von Rendsburg, mußte er sich, Schlachten schlagend, um Sicherung und Vergrößerung seiner Grafschaft kümmern. Die Rendsburger standen dabei stets treu zu ihrem Grafen und stützten ihn nach Kräften. Bei der Schlacht auf der Loheide verstärkte ein Aufgebot von 400 Rendsburger Bürgern des Grafen Streitmacht.
1339 hat Graf Gerhard die Rendsburger dafür geradezu fürstlich belohnt. Er bewilligte eine Anzahl von Privilegien. Die entsprechende Urkunde befindet sich im Stadtarchiv. Karl-Heinz Freiwald hat dazu berichtet:*
»Viel wichtiger als die oft zitierte Schenkung von 776 Hektar Land außerhalb der Stadtmauer zwischen Eider-Luhnau und Jevenau erscheint es aber - so sagt es der Rendsburger Chronist Dr. Edward Hoop - daß Graf Gerhard die Rechte

Der Rendsburger Gerhardsbrunnen

der Stadt neu bestätigte und die Zuständigkeit des gräflichen Burgvogtes eingrenzte. Er sicherte damit Besitz und Verfassung der Stadt. Dem Rat wurde mehr Macht gegeben.«

Am 1. April 1340 wurde Graf Gerhard im dänischen Randers im Schlaf ermordet.

Die Rendsburger wissen, was sie ihrem Grafen zu verdanken haben. Und ehren ihn – siehe oben.

* Aus dem Aufsatz »Schloßplatz-Brunnen und Straßennamen: Vielfache Erinnerung an Gerhard den Großen« in der Zeitschrift »Schleswig-Holstein«, Spezial-Ausgabe »Rendsburg«, 142/1996.

Rendsburg - eine Stadt zum Anschauen

»Rendsburg, Rensburg, Amt, Stadt, Schloß und Festung, am Eyderstrom, dem Könige von Dänemark gehörig, im Herzogthum Holstein, an den schleßwigischen Gränzen. Die alte Stadt liegt auf einer Insel, welche gedachter Strom macht. (...) Sie besteht aus 3 Theilen, nämlich der Altstadt, der Schleußkuhle, und dem Neuenwerk, welches letztere am regelmässigsten und schönsten gebaut ist. (...) Die Stadt hat lübisches Recht und 1738 hat König Christian VI. allda ein Commerciencollegium verordnet. Die Brauerey, der Holzhandel, und die Passage nach Dänemark, bringen den Bürgern gute Nahrung.«

(Aus: *»Geographisch-Historisch-Statistisches Zeitungs-Lexicon«, von Wolfgang Jäger, Professor zu Altdorf, zweiter Teil, 1784.)*

Paradeplatz

Ein Stadtplatz, und sei er noch so schön, wird seiner Wirkung, seiner Ausstrahlung, seines »Charakters« beraubt, wenn er mit Autos komplett zugeparkt ist. Ein Platz, der als solcher wirken, das Stadtbild schmücken soll, muß »frei« sein.
Wie der Paradeplatz in Rendsburg, einer der größten Stadtplätze im Lande. Und, als Kernstück des barocken Stadtteils Neuwerk, einer der schönsten.
Der Paradeplatz ist autofrei, parken nicht gestattet. Nur an den umgebenden Straßen sind schmale PKW-Parkstreifen eingerichtet. Hier stören die Autos nicht.
So kommt der Platz mit seinem schönen Kopfsteinpflaster und seiner historischen Randbebauung an drei Seiten als Rahmen voll zur Geltung. Die Öffnung des Platzes zur vierten Seite, zum Grün des Stadtparks, vervollständigt die Gesamtanlage. Ein schönes Platzensemble.
Paradeplatz, der Name sagt es: Nicht als städtischer Marktplatz, sondern für Paraden, als Aufmarschgelände und wohl auch als Exerzierplatz wurde der Platz angelegt. Damals, als 1690 bis 1695 der Ausbau der Festung Rendsburg erfolgte, als das »Neuwerk« entstand.
Geschichte und Geschichten sind mit dem Paradeplatz verbunden. Im Januar 1713 kam der russische Zar Peter der Große des Weges geritten. Samt Gefolge und kriegerischen Heerscharen. Zar Peter war im »Nordischen Krieg« mit Dänemark liiert. Im Eckhaus, Paradeplatz 10, der damaligen Kommandantur, wurde für den dänischen König eine Wohnung unterhalten. König Christian VII. ist hier 1808 gestorben.

Torschluß

Auch Blut ist auf dem Paradeplatz geflossen. Jenes des Hauptmannes Detlef Prätorius. Der wurde hier am 29. Juli 1725 öffentlich hingerichtet. Nach einem kleinen Bild im »Historischen Museum Rendsburg« wurde der Mann geköpft, mit dem Schwert. Die Hinrichtungsstelle ist auf dem Platz durch eine in das Pflaster eingelassene quadratische Steinplatte (auf der Höhe der Garnison-Apotheke) markiert. Mit der blutrünstig ausgeführten Todesstrafe wurde ein Mord gesühnt, den der also Geköpfte an dem Reichsgrafen Rantzau begangen haben soll. Es war die letzte öffentliche Hinrichtung in Rendsburg.

»Thorschluß - Tabelle
im gegenwärtigen Monath Januar
werden die Tore der Festung
geöffnet um 7 Uhr
gesperrt um 4 Uhr
geschlossen um 6 Uhr
der Ober-Eider-Ausfall wird
geöffnet um 7 Uhr
geschlossen um 4 Uhr«

(Aus: »Gemeinnütziges Wochenblatt für Rendsburg und die umliegende Gegend«, in der Ausgabe vom 1. Januar 1808.)

Aufgereiht zur Parade:
Die Gebäude am Paradeplatz

Blaue Linie

In Rendsburg können Einheimische und Gäste auf dem Strich gehen, 'tschuldigung: auf der Linie. Genau: auf der Blauen Linie. Die verläuft, aufgemalt auf Bürgersteigen und Straßenquerungen, als 3,2 Kilometer langer Rundkurs durch die Stadt und verbindet 30 Zielpunkte.
Wer diese Strecke abspaziert, erreicht 30 Rendsburger Sehenswürdigkeiten und Kultureinrichtungen. Start und Ziel ist am Altstädter Markt, wo - morgens um 10 Uhr beginnend - alle zwei Stunden ein wohlklingendes Glockenspiel am Alten Rathaus ertönt. Weitere Stationen des Blaue-Linie-Stadtspazierganges sind unter anderem:

Die Blaue Linie führt auch zum Alten Rathaus...

Die St. Marienkirche von 1287, das älteste Bauwerk der Stadt, mit sehenswerter Kanzel und Altar. Das historische Rathaus von 1566, in dem (Zitat)* »*...der Stadtrat noch heute politische Entscheidungen trifft*«. Es folgen Schiffbrückenplatz, bis vor 200 Jahren Hafengelände. Der Schloßplatz, wo einst die »Reinoldesburg« stand und später das längst abgebrochene Schloß. Sodann »Amtmandsgarden«, die alten Schleusenbecken, das Stadtseegelände, der »Pulverschuppen« und (nicht versäumen!) das »Alte Arsenal«,

... mit seinen sehenswerten Details

heute Kulturzentrum der Stadt. Weiter spaziert über den großen »Paradeplatz«, vorbei an der ehemaligen Kommandantur und der Garnisonsapotheke. Und zur Königsstraße, zum Dr.-Bamberger-Haus und dem Jüdischen Museum, zum Skulpturenpark, zur »Weißen Brücke«.
Schließlich noch das neue Rathaus, der »Pelli-Hof« und das Stadttheater, ein 1900/1901 als Stadthalle errichteter Prachtbau.
Ein bei der Tourist-Information** erhältliches Infoblatt mit Stadtplanmarkierung der Zielpunkte und deren kurzer Beschreibung ist hilfreich. Und die Blaue Linie ist eine prima Idee.
Wer spazierengehend mehr erfahren möchte von Rendsburg zwischen Historie und Gegenwart nimmt an einer Stadtführung teil. Treffpunkt und Beginn 10.30 Uhr am Alten Rathaus/Altstädter Markt. Von April bis September jeden Sonnabend, von Oktober bis März jeden zweiten Sonnabend im Monat.

* Infoblatt »Herzlich Willkommen« – Beschreibung der Blauen Linie

** Tourist-Information Nord-Ostsee-Kanal, Altes Rathaus, Altstädter Markt, 24768 Rendsburg. Telefon: 04331-21120, Fax: 04331-23369

Vom Arsenal zum Bürgerzentrum

Im Giebelfeld der weißgeschlämmten Tordurchfahrt zum Hof des Arsenals ist diese Inschrift zu lesen:

»EZECHIAS LEVIN VON ARENTSKIOLD ANNO 1740 ME GONSTRUXIT«

Soll wohl bedeuten, besagter Herr Levin von Arentskiold zeichnet für diesen schönen Portikus verantwortlich. Der Oberverantwortliche, der Bauherr, war selbstredend der dänische König Christian VI. Zu jener Zeit gehörte Rendsburg zum dänischen Gesamtstaat. Königskrone und Königsmonogramm sind als Relief über der Inschrift zu bewundern. Komplettiert wird der Schmuck im Giebelfeld der Tordurchfahrt durch ein Reliefbild mit Waffenmotiven.

Womit deutlich wird, welchem Zweck das 1740 erbaute Niedere Arsenal und das dahinter liegende Hohe Arsenal von 1696/97 dienten. Sie waren Waffenlager. Rendsburg war damals die zweitstärkste Festung Dänemarks. Dafür waren Waffen und Ausrüstung erfoderlich. Im Arsenal, andernorts Zeughaus genannt, wurden sie bereit gehalten. Tröstlich zu wissen, daß die Festung Rendsburg in den eineinhalb Jahrhunderten ihres Bestehens keine Feuerprobe zu bestehen hatte.

Die Bauten des Arsenals blieben, zum Teil verändert, erhalten, dienten in der Folge unterschiedlichen Zwecken. Die Wiederherstellung der An-

Das Alte Arsenal (oben)
mit der dänischen Krone (links) beherbergt
unter anderem die Städtischen Museen (rechts)

lage in der ursprünglichen äußeren Form erfolgte in den Jahren 1987 bis 1990. Nur im Innenhof wurden moderne Vorbauten harmonisch hinzugefügt.

Heute ist das Arsenal das vielbesuchte, vielbewunderte Kulturzentrum der Stadt mit Volkshochschule, Stadtbücherei, Städtischen Museen, Museums-Café und Bürgersälen.

Levin von Arentskiold, der Portikusverantwortliche, würde über den Nutzungswandel des Arsenals staunen.

Rendsburger Nachtwächter

»Vier Nachtwächterposten sind in der Stadt Rendsburg neu zu besetzen. Mit diesen Posten, welche auf 1 monatliche Kündigung vergeben werden, ist ein jährlich 132 Thaler 7 Silbergroschen 6 Pfennige betragende Einnahme und alle zwei Jahre die Lieferung eines Dienstrockes verbunden. Bewerber um dieselben werden (...) hierdurch aufgefordert, ihre Gesuche unter Anlegung ihrer Zeugnisse innerhalb einer Frist von 3 Monaten hierselbst einzureichen.

Rendsburg, den 8 December 1872.

Der Magistrat.«

Veröffentlicht im »Amtsblatt der Königlichen Regierung zu Schleswig« vom 21. Dezember 1872.

Stadtsiegel, Sammelbüchse, Feinschnitt... und dergleichen

Nicht zuletzt sind es die »kleinen Dinge«, die im »Historischen Museum Rendsburg« erahnen lassen, wie es früher war, das Leben in dieser Stadt.
Da ist zum Beispiel die Sammelbüchse aus dem Jahre 1696 der Rendsburger Glaserinnung. Hölzern ist die runde Büchse, mit Eisen beschlagen. In Gestalt und Größe heutigen Sammelbüchsen durchaus ähnlich. Vor 300 Jahren haben Rendsburgs Glaser darin gesammelt – für verarmte Zunftgenossen.
Das Stadtsiegel von 1360. Man bedenke: von 1360 (!). Zu betrachten ist ein Handabguß nach dem Originalsiegel. Daneben ist eine Petschaft der Stadt Rendsburg ausgestellt, von 1512.
Das Rendsburger Gesangbuch von 1719 ist eine bibliophile Kostbarkeit. Und ein Zeugnis für das damalige kirchliche Leben.
Genuß der weltlichen Art diente der »Goldgelbe Feinschnitt« der Marke »Übersee-Schlager«, fein, duftig, leicht. Hergestellt von M. Hansen, der 1815 gegründeten, vormaligen Rendsburger Tabakfabrik. Originalpackungen erinnern daran.
Mit den Rendsburger Nachtwächtern mußte es seine erkennbare Ordnung haben. Deshalb trugen sie im 19. Jahrhundert kleine Brustschilde. Eingraviert sind die Buchstaben »R«, für Rendsburg und »NW«, vermutlich für Nachtwächter. Das Museum zeigt eines der blankpolierten Messingsschildchen.
Für den anspruchsvollen großbürgerlichen Haushalt war der Tafelaufsatz gedacht, der Ende des 18. Jahrhunderts als Steingut in Rendsburg gefertigt wurde, die Zeiten heil überstand und nun im Museum zu bewundern ist.
Und so weiter, und so weiter.
Der Besuch des »Historischen Museums« (im Alten Arsenal) ist eine Entdeckungsreise in die wechselvolle Geschichte der Stadt.

Im Historischen Museum Rendsburg

Rechts: Druckmaschine, Jahrgang 1879

Vor dem Andruck Kohlen schippen

Wenn gedruckt werden sollte, mußte vorher angeheizt, mußten Kohlen geschippt werden. Denn der Antrieb der »Kreisbewegungsdruckmaschine« des Baujahres 1879 erfolgte durch Dampfkraft. Um Dampf zu erzeugen, war Wasser entsprechend zu erhitzen, dafür bedurfte es eines kräftigen Feuers unter dem Kessel. Wie gesagt, erst Kohlen schippen, dann drucken. Die Übertragung der Dampfkraft auf das große Antriebsrad der Maschine geschah durch lederne Transmission.

Ansonsten aber ist die Leistung dieser Uralt-Druckmaschine mit 800 bis 1000 Bogen pro Stunde beachtlich. Bogengröße 104 x 70 cm. Die Anlage der Bogen erfolgte per Hand.

Gebaut hat diese Bogendruckmaschine vor 122 Jahren die Firma Koenig+Bauer in Würzburg. Das Unternehmen war der erste Druckmaschinenhersteller der Welt. Vollständig restauriert, steht die Druckmaschine des Jahrgangs 1879 im Drucksaal des Druckmuseums im Rendsburger Kulturzentrum im Alten Arsenal. Druckmuseum, das ist der interessante Besichtigungsspaziergang durch die Historie des Setzens und des Druckens. Maschinen, Werkzeuge und Dokumente veranschaulichen die technische Entwicklung von Gutenbergs Einzelletter bis zum modernen Lichtsatz. Durchaus beeindruckend die mächtigen, auf Schienen bewegten Repro-Kameras von damals. Und der »Typograph« sowie die berühmten Zeilenguß-Setzmaschinen von »Linotype«.

Übrigens: Am 27. Februar 1978 erschien in Rendsburg die letzte in Bleisatz hergestellte Ausgabe der Schleswig-Holsteinischen-Landeszeitung. Die »Technik« der ersten Seite dieser letzten Bleisatzausgabe ist im Druckmuseum ausgestellt: die im Rahmen umbrochenen Bleisatzzeilen, die davon gepreßte (Papp-)Mater und die von der Mater abgegossene halbrunde, schwere Bleidruckplatte für die Rotationsmaschine.

Vorgekragt

Gepflegte, material- und stilgerecht renovierte, restaurierte Fachwerkhäuser haben Flair.
Sie vermitteln dem Betrachter eine Anmutung in der Mischung aus romantisch, idyllisch und »guter, alter Zeit«.
Sorgfältige Pflege vorausgesetzt, halten Fachwerkbauten Jahrhunderte. Und das, obgleich - oder weil ?! - die Baumaterialien sozusagen reine Natur waren. Kernige, massive Holzbalken als Ständer und als tragende Elemente bilden das Hausgerüst. In die Gefache zwischen den Balken haben die Bauhandwerker zur Zeit unserer Altvorderen Äste geflochten, die Zwischenräume mit Lehm, dem oft gehäckseltes Stroh beigemischt war, ausgefüllt. Insbesondere zur Schau-, zur Straßenseite hin wurden die Gefache der Außenmauern mancher Bauten auch mit Backsteinen, zum Teil in feiner Ziersetzung, verkleidet.
Auf Neuwerk - und nicht nur dort - blieben in Rendsburg schöne Fachwerkhäuser erhalten. Zum Beispiel in der Löwenstraße, Königstraße, Königinstraße, am Paradeplatz, in der Kirchenstraße, Lilienstraße, Prinzessinstraße, Prinzenstraße. Sie stammen zumeist aus dem (frühen) 18. Jahrhundert. Dehio* berichtet: *»Der Ausbauplan des Neuwerks sah generell zweigeschossige Fachwerktraufenhäuser mit Walmdächern vor.«*

Fachwerkhaus vorgekragt am Paradeplatz (oben)
Details am Fachwerkhaus Ecke Mühlenstraße/Hohe Straße (links und rechts)

Details

Wer genau hinsieht, entdeckt eindrucksvolle »Kleinigkeiten«. Zum Beispiel am Haus Mühlenstraße 1/ Ecke Hohe Straße in Rendsburg. Vier eiserne Maueranker in der zur Mühlenstraße gerichteten backsteinernen Giebelfront bilden die Jahreszahl 1619. Das Baujahr des Gebäudes. Deutlich erkennbare, vermauerte Rundbögen zeigen, daß die Giebelseite ursprünglich mit anderen Fenstern (oder Luken?) ausgestattet war. Unterhalb eines der Rundbögen, flankiert von zwei eisernen Mauerankern, eine eingemauerte Wappentafel mit der Jahreszahl 1713. Auf der anderen Hausseite, in der Hohen Straße, trägt Fachwerk das vorkragende Obergeschoß. Der verzierte Schwellbalken und vor allem die beschnitzten Knaggen, die Endstücke der tragenden Balken, sind besonders schöne Hausdetails.

Fachwerkhäuser mit vorgekragtem Obergeschoß sind besonders reizvoll. Die Vorkragungen wurden durch weiteres Herauschieben der Balkenlager erreicht. So ist die Nutzfläche im 1. Stockwerk größer als jene im Erdgeschoss. Bei Bauten mit weiteren Stockwerken setzt sich diese Bauweise der »umgekehrten Treppenform« platzschaffend nach oben fort. Dadurch wurde die Grundstücksfläche optimal ausgenutzt.
Repekt, ihr Baumeister von damals!

* Georg Dehio: »Handbuch der Deutschen Kunstdenkmäler. Hamburg/Schleswg-Holstein«; Deutscher Kunstverlag, 1994.

»Stutentrine und der Markgraf«

Nun sitzt sie also unentwegt vor dem Eingang der Sparkasse Mittelholstein und hält ihre Stuten feil: die Stutentrine. Nicht leibhaftig sondern zum Denkmal geworden. Einige Schritte daneben, auf der Eingangstreppe, steht Markgraf, wie Stutentrine einst ein Rendsburger Original.

Eine kleine Tafel erläutert:

»Stutentrine und Markgraf.

Symbolfiguren für unsere Stadt Rendsburg nach historischen Vorbildern.

Stutentrine lebte von 1865-1908. Auf der Hohen Straße verkaufte sie Stuten. Mit Herz auf dem rechten Fleck entging ihrem scharfen Blick nichts.

Stutentrine und der Markgraf

*Markgraf war königlicher Oberpolizeidiener von 1823-1843. Seine interessanten Protokolle ließen ihn zu einem der frühen Chronisten unserer Stadt Rendsburg werden. KHF.**

Die Bronzeplastiken wurden 1986 geschaffen von Frauke Wehberg.«

Im richtigen Leben lautete Stutentrines Vorname Hanna, nicht Trine. Aber Stutentrine klingt irgendwie besser, touristisch auch werbewirksamer, meinten jene, die 1975 die beiden zu Symbolfiguren Rendsburgs »erhoben«.

* Anmerkung: KHF steht für Karl-Heinz Freiwald, vormals Chefredakteur einer schleswig-holsteinischen Tageszeitung und Autor zahlreicher Bücher.

Stadtkultur der kleinen Art

Sonntag. Morgen ist Frühlingsanfang.* Vom blitzblank geputzten blauen Himmel strahlt die Sonne. Und auf dem Schiffbrückenplatz ist Flohmarkt. Ein buntes, munteres Vorfrühlingsvergnügen für Händler und Besucher – bei dem Wetter! Auf Klapptischen, auf Kisten und Kästen ist ausgebreitet, was die stets aktive Flohmarktszene zu bieten hat: Trödel, Nippes, Kitsch und (wenig) Kunst, Second-Hand-Artikel wort-wörtlich jeder Art, hier und da ein echtes Schnäppchen. Sonnenschein und Frühlingsahnen stimulieren Kauflust. Da sitzt die D-Mark lockerer als an einem grauverhangenen Wintertag. Alle sind zufrieden: die Profi-Händler, die Flohmarktverkäufer der Amateurklasse, die Käufer. Und auch die »Sehleute«, die (eigentlich) nur gucken, nicht kaufen wollen. Aber vielfach dann doch nicht widerstehen können. Der Flohmarkt bietet eben für jeden etwas.

Auch die »Begleitangebote« am Marktrand finden Zuspruch. Die Bingobude lockt erwachsene »Zocker« zum Mitspielen. Gegen den kleinen Hunger werden an verschiedenen Ständen Crêpes, frische Backwaren, belegte Brötchen angeboten. Für die Jüngsten dreht sich ein Kinderkarussel.

Merke: In Rendsburg haben selbst Flohmärkte Niveau. Stadtkultur der kleinen Art.

* Beobachtet und notiert am 19. März 2000. Wegen des Schaltjahres war Frühlingsanfang schon am 20. März.

Rendsburger Flohmarktszenen

Das »weiße Haus«

Weiß schmückt, wirkt festlich und freundlich. Häuser in feinem Weiß zeigen sich zumeist als Prachtbauten. Wie das Rendsburger Stadttheater. Die Rendsburger haben sich anno 1900/1901 ein ebenso nobles wie teures Gebäude für Kultur und Gesellschaft geleistet. Der weitaus größte Teil der Baukosten wurde allerdings nicht aus der Stadtkasse bezahlt sondern durch die Stadtsparkasse beglichen. Kultursponsoring durch Bänker - schon damals.

Anfangs war das »große weiße Haus« nicht nur Theater sondern auch Stadthalle. Für Feste, Ausstellungen, Tagungen.

Im Laufe seines bisherigen 100jährigen Bestehens hat das Rendsburger Stadttheater manches Auf und Ab, vielerlei Veränderungen erlebt. Sowohl hinsichtlich der Nutzung als auch baulich am und im Gebäude. Geblieben ist ein in festlichem Weiß strahlendes, schönes Gebäude. Und die Nutzung als Theater und als Stätte konzertanter Musikdarbietungen.

Vor dem Eingang steht eine ziemlich stramm geratene »Eva«, eine Plastik, die der Bildhauer Fritz Fleer geschaffen hat. Es handelt sich um Eva vor dem Sündenfall - noch ohne Feigenblatt.

Durchblicke

An Werktagen ist in Rendsburgs Altstadtstraßen »shopping-time«. Die Innenstadt mit ihren Fußgängerzonen ist die traditionelle Einkaufsmeile der Stadt.
Heute, am Sonntag, zumal zu dieser frühen Stunde, herrscht hier Ruhe und Stille. Nur wenige Passanten sind unterwegs.
Wer jetzt durch das ebenso historische wie vitale Quartier bummelt, genießt freie Durchblicke.

Aus-, Ein- und Durchblicke:
Das »weiße Haus« des Stadttheaters (links)
und die Marienkirche (unten)

Durch die oft engen Straßen. Platzsparend haben die Rendsburger früher gebaut. Für Fußgänger, Reiter und für Pferd und Wagen reichte der Raum zwischen den Häuserzeilen gerade noch aus. Die gewachsene Straßenstruktur blieb hier zwischen Stegen und Hohe Straße, am Altstädter Markt und rund um die Marienkirche weitgehend erhalten.
Die tiefstehende Morgensonne zaubert interessante Licht- und Schatteneffekte auf Häuser und Straßen.

Fernweg seit 4000 Jahren

Der historische Ochsenweg. Im Geestsand tiefe Eindrücke von Pferdehufen. Ein Eichelhäher, der Warner des Waldes, kündet keckernd die beiden Wanderer an, fliegt voraus, bezieht auf einer knorrigen, alten Kiefer seinen Beobachtungsposten. Trockene Blütenstände des Vorjahres lassen ahnen, wie im August wieder die Heide blühen wird. Zwei gelbe Zitronenfalter spielen Haschen.

Noch fällt es dem Frühjahr hier schwer, der Natur ein farbbuntes Kleid anzuziehen. Fast scheint es, als ob an diesem Apriltag ein Zauber von Schwermut über dem »leeren« Ochsenweg liegt. Vielleicht, überlegt der Wanderer, trauert dieser uralte Verbindungsweg zwischen Elbe und Jütland den längst vergangenen »großen« Zeiten nach. Damals, als - beginnend in der Mitte des 14. Jahrhunderts - hier riesige Rinderherden zur Weitermast und als lebender Fleischexport aus dem Dänischen nach Holstein getrieben wurden. In jener Zeit entstand der Begriff »Ochsenweg«. Auf der »Pinneberger Landtafel« des Daniel Frese wird dieser einst wichtigste Verbindungsweg der Cimbrischen Halbinsel im Jahre 1588 erstmals als »Ossen Wech« bezeichnet. In Reisekarten aus den Jahren 1492 und 1501 sind bereits Teile des Wegverlaufs markiert.

Die »Arbeitsgemeinschaft Ochsenweg e.V.« (per Adresse Archäologisches Landesamt, Brockdorff-Rantzau-Straße 70, 24837 Schleswig) ist auf Grund neuester Forschungen der Meinung, dieser Weg sei noch viel älter. Zitat: *»Es gibt heute Gründe für die Annahme, daß der Ochsenweg (...) bereits in der Bronzezeit benutzt wurde. Über 4000 Jahre lang wurden nicht nur Waren, sondern auch Ideen und Kultur entlang dieses Fernwegs zwischen Nord- und Mitteleuropa ausgetauscht.«* *

Dort, wo der Eichelhäher aus der Kiefer späht, sind sie alle entlang gekommen. Die Ochsentreiber mit ihren Herden, die Kaufmannswagen, die Missionare, die Pilger, die Reisenden, die Kuriere. Einfache Leute, reiche Leute, Adelige, Könige auch. Natürlich auch Soldaten in langen Heerscharen. Weshalb der Ochsenweg auch Heerweg genannt wird.

Ein Weg wie gewachsen. Keine angelegte, gepflasterte »Kunststraße«, keine Chaussee. Staubig muß es gewesen sein im leichten Sand der Geest auf dem Mittelrücken Schleswig-Holsteins. Beschwerlich, manchmal auch gefährlich.

Die allermeisten Abschnitte des Ochsenweges sind verschwunden: überbaut, zu Äckern, zu Wald, zu Autopisten geworden. Zwischen der Landstraße L 265 (kurz hinter Owschlag links ab) und Sorgbrück an der B 77 blieb eine Strekke des historischen Ochsenweges erhalten, im Mittelteil südlich der Schäferei sogar in beeindruckender Ursprünglichkeit. Ein Erlebnis für Wanderer und Radfahrer.

* Aus Merkblatt: »Der Ochsenweg in Schleswig-Holstein«, herausgegeben von vorgenannter Arbeitsgemeinschaft.

Am Ochsenweg zwischen Owschlag und Sorgbrück

Wo sich die Sorge windet

Nördlich Föhrden und Königshügel windet sich die Sorge in mäanderartigen Kurven durch die Niederung. Als »Grenzfluß« zum Nachbarkreis Schleswig-Flensburg. Früher machte die Sorge ihrem Namen oft Ehre - durch häufige Überschwemmungen der angrenzenden, absolut ebenen Flächen.

Neben dem Fluß bestimmt allein Wiesen- und Weideland das Landschaftsbild. Das Wiesenschaumkraut blüht, an Grabenrändern gelbleuchtend in vollen Pulks Sumpfdotterblumen. Vier Kiebitze fliegen mutig Attacke gegen einen Raubvogel, wollen ihn von der Nähe ihrer Nester vertreiben.

Die Siedlungen am Straßenrand heißen Königshügel und Königsberg, die große, weite Niederung Richtung Süden Königsmoor. Das war einst die Gegend von Kolonisten. Sie sollten das Moor kultivieren. Johannes von Schröder schrieb 1854:* *»Königsberg, 4 Colonisten an der Sorge (...) Diese in den Jahren 1760 und 1762 auf dem Hohenholmer Moor angelegte Colonie bestand damals aus 15 Stellen, 9 davon wurden aber bald verlassen, die Häuser abgebrochen und die Königshügeler Colonisten eigneten sich das Land zu, bis in dem Jahr 1800 der König die Ländereien zurücknahm. Der Grund, worauf die Häuser erbaut sind, ist sehr moorigt, weshalb 3 davon auf Pfählen stehen und den Namen ›leichte Häuser‹ führen.«*

* In »Topographie des Herzogthums Holstein«, 2. Auflage, 1854.

Die Welt voller weißer Kristalle

Auf die richtige Witterungsmixtur kommt es an. Diese Zutaten sind erforderlich: Ruhige, möglichst windstille Luft, hohe Luftfeuchtigkeit, Temperatur deutlich unter null Grad. Dann verzaubert Rauhreif auf Busch und Baum, sogar auf jedem Grashalm die Landschaft.
Rote Hagebutten im Knick sind vom kristallinem Rauhreif wunderbar eingefaßt. Äste bilden ein Eisspitzen-Gitterwerk. Die Birke, heute ganz in Rauhreif-Weiß, mit frostklar-blauem Himmel als Hintergrund, bittet um gefällige Beachtung.
Großartige Natur-»Kunst« - der vergänglichen Art.

Rauhreif-Zauber

Links:
In der Sorge-Niederung

Freilichtmuseum

Das »Schleswig-Holsteinische Freilichtmuseum« in Molfsee. Aus allen Regionen des Landes zwischen den Meeren wurden Zeugnisse bäuerlicher Haus- und Hofformen überführt. Konkret: Dort, wo historische, typische Gehöfte und Wirtschaftsbauten oft schon dem endgültigen »Untergang« geweiht waren, wurden diese abgetragen, Einzelteil für Einzelteil numeriert, im Freilichtmuseum original wieder aufgebaut. Die Bauten sind mit entsprechendem Mobilar und Arbeitsgeräten ausgestattet.

Alles ist vorhanden, was einst das Bild der Dörfer im Land bestimmte, in der Vielfalt der schleswig-holsteinischen Landschaften: Das gutsherrliche Torhaus. Die Walscheune aus Seekamp. Die Bordesholmer Hofanlage. Das Lauenburgische Durchfahrthaus. Der Ziehbrunnen aus Hohn. Das Pfarrhaus aus Grube. Die Winkelscheune aus Osterbelmhusen. Die Bandreißerkate, das Fischerhaus, Windmühle, Wassermühle. Und... und... und.

Dazwischen tummeln sich auf Wiesen und Plätzen Tiere alter Nutzviehrassen: Angler Sattelschweine, Schleswiger Kaltblutpferde, Altdeutsche Schwarzbunte, Moorschnucken, ein stolzer Hahn mit seinem »Harem«.
Das rund 80 Hektar große, sanfthügelige Gelände mit Hofplätzen, Wiesen und Weiden, Baumgruppen, Teichen und kleinen Seen lädt zu Spaziergängen ein.

Im Freilichtmuseum Molfsee

Alt und neu und ganz viel Grün: Flintbek

»Das Kirchdorf Groß-Flintbek ist auf den Höhen am Rande des Eidertals hübsch gelegen...« So schrieb Henning Oldekop im Jahre 1908. Diese Beurteilung gilt uneingeschränkt auch heute.

Flintbek, selbstverwaltete Gemeinde mit inzwischen fast 7000 Einwohnern, hat sich mit seiner Bebauung auf dem hügeligen Terrain »ausgebreitet!« Von höher gelegenen Straßen läßt sich in untere Ortsteile hinab- und hineinblicken. Ein ausgedehnter Ortsspaziergang erfüllt das tägliche Fitnessprogramm: hügelauf, hügelab.

Architektonisch zeigt sich der Ort als ein interessantes Bautenkunterbunt. Vornehme Villen aus der Gründerzeit um 1900, neue, ansprechende

Eingang zum Rathaus in Flintbek

Der »Brautstock« von 1723

Wohnblocks, vor allem viele schmucke Einfamilienhäuser. Auch zwei, drei Viereck-Hochhausschachteln aus den Bausünderjahren bald nach dem letzten Krieg. Dazu ein neues Rathaus. Und Geschäftsbauten sowohl der feinen als auch der nur-funktionalen, schlichten Art. Dazwischen ganz, ganz viel Grün. Flintbek hat eine überwiegend lockere Bebauung. Man hat Platz gelassen zwischen den Häusern, eine Verdichtung weitgehend vermieden. Keine Enge, sondern ein Ort, in dem man allenthalben »frei atmen« kann. Die Gewerbegebiete bleiben draußen am Ortsrand. Bei 17,56 Quadratkilometern Gemeindefläche war das möglich.

Nicht zu vergessen die hochgelegene Kirche. Sie bildet als wohl ältestes Bauwerk Flintbeks gewissermaßen das »Gegenstück« zum modernen Rathaus. Im Jahre 1223 erteilte Graf Albrecht von Orlamünde und Holstein als Statthalter des dänischen Königs Waldemar II. dem Probsten Lambertius und seinem Konvent vom »Neuen Kloster« (=Neumünster) die Erlaubnis zum Bau einer Kirche in »Vlintbeke«.

Die Kopie der Stiftungsurkunde ist im Seiteneingang der Kirche aufgehängt. Weil in lateinischer Sprache und in gotischen Buchstaben geschrieben, hängt die »lesbare« Übersetzung daneben. Wann die so genehmigte Kirche wirklich erstmals errichtet wurde, ist nicht bekannt. Das jetzige Gotteshaus, ein spätgotischer Backsteinbau, stammt vermutlich aus dem 14. Jahrhundert. Der Turm, mit Brettern verkleidet und mit Holzschindeln gedeckt, wurde 1615 dem Kirchenschiff vorgebaut. Gleich unter der Stiftungsurkunde im Kircheneingang steht der »Brautstock« von 1723, ein vierkantiger, beschnitzter, mit Eisen beschlagener Opferstock.

Die Flintbeker Kirche

Schäferstündchen oder Fluchtgedanken?

Unterirdische, geheime Gänge, vor Jahrhunderten geschaffen, regen die Phantasie an. Wer hat sie bauen lassen? Und vor allem: warum? Zum Beispiel jenen Tunnel, der 1990 von Bauarbeitern auf dem Gelände des einstigen Bordesholmer Klosters entdeckt wurde. Der war immerhin 1,20 Meter breit und 1,70 Meter hoch. Laut wissenschaftlicher Datierung der Archäologen stammt er aus dem 15. Jahrhundert.
Zu der Zeit herrschte hier Klosterleben der Augustiner-Chorherren. Es sind also geheime Mönchsgänge.
Es wird spekuliert, die Chorherren hätten den Tunnel benutzt, um ungesehen das Kloster verlassen zu können. Auf ihrem Weg nach Preetz.

Bordesholmer Mönche auf einem Wegweiser und die Klosterkirche

Zum Besuch des dortigen Nonnenklosters, präzise: zum Besuch der Nonnen, zwecks Schäferstündchen. Oder wurden gar via Tunnel willige Damen aus der Umgebung hin und wieder ins Kloster »eingeschleust«?
So ganz abwegig sind derartige Mutmaßungen nicht. Die Chorherren sollen zu manchen Zeiten alles andere als ein mönchisch-vorbildliches Leben geführt haben. Der vormalige Landrat von Heintze des ehemaligen Kreises Bordesholm hat in einem Aufsatz* die Klosterbrüder des *»sittenlosen Gebahrens«* und der *»Scheinheiligkeit«* bezichtigt. Gestützt hat der Landrat seine deutlichen Worte auf einen Revisionsbericht über das Kloster aus dem Jahre 1474.

Kloster Bordesholm

Die Archäologen, die auf dem Gelände des »vergangenen« Augustinerklosters seit Jahren Ausgrabungen durchführen, beurteilen den Tunnelbau nüchterner. Es könnte, so meinen sie, ein Fluchttunnel sein, der zum Beispiel bei Belagerungen im Mittelalter von den Mönchen genutzt wurde. Aber mal ehrlich: Die Idee mit dem »Schäferstündchen-Tunnel« gefällt einfach besser. Nicht ganz moralisch, dafür so wunderbar menschlich-romantisch. Die Augustiner-Chorherren können's eh nicht mehr aufklären: Das Kloster wurde im Zuge der Reformation bereits 1566 »aufgehoben«.

* Aufsatz: »Der Kreis Bordesholm«, veröffentlicht im Jahre 1908 in der »Topographie des Herzogtums Holstein« von Henning Oldekop.

»Das Kloster Neumünster wurde im Anfang des 14. Jahrhunderts (...) nach dem ›Barsholm‹ (...) verlegt, der durch Dämme landfest gemacht wurde. die Kirche, in die Vicelins Gebeine aus Neumünster überführt wurden, war damals sehr bedeutend und hatte 14 Altäre (...). Das Kloster war sehr reich und hatte viel Landbesitz, zahlreiche Dörfer der Umgebung und des Landes bis nach Itzehoe hin; ihm stand das Patronat über die Schulen und die Nikolaikirche in Kiel zu. – Bei der Reformation wurde das Kloster aufgehoben, wobei der Probst und mehrere Mönche unter Mitnahme der Kostbarkeiten entwichen, und es entstand an seiner Statt (unter Herzog Johann dem Älteren) 1566 ein Gymnasium (›Gelehrtenschule‹) für 16, später für 32 Alumnen, bis 1665 die Kieler Universität (...) aus den Mitteln der Anstalt begründet wurde. –*
Um Vicelins Gebeine bat 1614 der Herzog Wilhelm von Bayern, der dem Heiligen eine Ruhestatt in einem katholischen Land gewähren wollte. Herzog Adolf gestattete die Nachforschung, ließ aber vor derselben, die Gebeine heimlich ausheben und an unbekannter Stelle beisetzen, so daß man nachher nichts vorfand.«

(Aus: *»Schleswig-Holsteinisches Wanderbuch« von Ernst Strohmeyer, 2. Auflage, 1910.)*

* »Alumnat (...) höhere Schulanstalt, in der die Schüler (Alumnen) Unterricht, Kost und Wohnung erhielten. In der Reformationszeit entstandene Einrichtung (bes. für mittellose Schüler).« Meyers Grosses Taschen-Lexikon, 1983.

Der geheimnisvolle Gang vom Kloster Bordesholm zum See

Morgenstimmung

Früher Morgen am Bordesholmer See, gleich unterhalb der Klosterkirche. Das Wasser glitzert im Schein der noch tief stehenden Sonne. Dazu ein paar Ruderboote am Steg. Ein Angler hofft schweigend, fast regungslos auf einen Fang. Am Uferrand blüht leuchtend gelb die Sumpf-Schwertlilie, die einzige »wildlebende« gelbe Schwertlilie Deutschlands.
Morgenstimmung zum stillen Genießen.

Der Angler am Bordesholmer See und die Sumpf-Schwertlilien am Uferrand

Die Linde

600 Jahre alt:
Die Bordesholmer Linde

Es ist ein Prachtstück von Baum, ein Wunderwerk der Natur. Geschaffen, gewachsen in etwa 600 Jahren. Auf dieses Alter wird die mächtige Linde geschätzt. Zu bewundern in Bordesholm, auf dem Lindenplatz, vis-à-vis der Klosterkirche. Ihre imponierende Krone mißt 30 Meter im Durchmesser, 7 Meter der Umfang des Stammes. Früher wurde unter der Linde »Gericht gehalten«.
Und sie grünt noch immer. Jahr für Jahr für Jahr. Seit der Zeit um 1400.
Kaum vorstellbar.

Turm nah, Turm fern

Der Turm mit dem hohen, schlanken Achteckhelm der Kirche von Brügge ist ein Motiv. Aus der Nähe. Erst recht aus der Ferne, in der zauberhaften Winterlandschaft.
Bereits im Jahre 1238 ist das Brügger Gotteshaus als Pfarrkirche bezeugt. Seit 763 Jahren besuchen Menschen den Gottesdienst in dieser spätromanischen Feldsteinkirche. Generation auf Generation.

Die alte Schule von Brügge

Der Kirchturm von Brügge im Winterschmuck

Die Schule von Brügge

Anno 1863 hat Brügge sich ein neues Schulgebäude geleistet. Gebaut wurde so, wie es im Dorf zu jener Zeit üblich war: einerseits ein schlichtes, andererseits ein harmonisch-formschönes Gebäude. Natürlich mit einem Reetdach. Das ist vorgekragt, wozu die Balkenlage über das Erdgeschoß ein wenig hervorragt. Die Balkenenden, als Knaggen gearbeitet, sind zugleich Zierelemente. Der handfesten Art. Die Schwalben haben sich für den – in der gesamten Länge des Gebäudes – geschützten Winkel zwischen Erdgeschoß und Dach herzlich bedankt und eifrig Nester gebaut. Über der Eingangstür ließen die Brügger eine Tafel anbringen, mit diesem zu einem Schulgebäude passenden Bibelspruch:

»So spricht der Herr: Weiset meine Kinder und das Werk meiner Hände zu mir.«

Die schöne Schule von Brügge mit dem ausdrucksvollen Reetdach und den grüngestrichenen Knaggen, mit gerundeter Dachgaube und den typischen großen Schulfenstern, mit jahrgangsneuen Schwalbennestern und mit der Bibelspruchtafel ist noch immer »aktives« Schulgebäude. Grundschulkinder lernen hier lesen, schreiben, rechnen. Wie vor 138 Jahren, damals, anno 1863.

Die Brücke von Reesdorf

Sie sind selten geworden, jene vollständig aus Granitquadern errichteten Bogenbrücken. Zwischen Reesdorf* und Eiderkaten, dort, wo die schmale Straße abzweigt Richtung Eiderhöhe, ist eine solche alte, formschöne, sich harmonisch in das Flußbett der Eider und die Landschaft einfügende Einbogen-Steinbrücke zu bewundern. 1803 wurde sie gebaut, wie an der Weststeite der Brüstung in Stein vermerkt ist. Und sie hält nach 200 Jahren noch immer problemlos, ist zugelassen für Fahrzeuge bis 10 Tonnen Gewicht. Selbst die Brüstung der Brücke besteht aus wuchtigen Granitquadern. Die Brükkenbaumeister von damals verstanden ihr Handwerk. Auf der Ostseite der Brüstung befinden sich – infolge Verwitterung nur noch schwach zu erkennen – die dänische Königskrone und das Königsmonogramm als Steinrelief.
Dem Bogen der Brücke entsprechend, wölbt sich die kleine Straße darüber zu einem Buckel auf. Ein unter Denkmalschutz stehendes Brückenidyll im landschaftlich reizvollen Erosionstal der Eider.

* Reesdorf liegt an der Kreisstraße K 15 zwischen Flintbek und Bordesholm.

Die steinerne Brücke von Reesdorf

Ein Bauerndorf

Bissee liegt wirklich und wahrhaftig abseits aller großen Straßen. Selbst die einzige Zufahrtsstraße, die Kreisstraße K 89, endet im Dorf. Wovon andere Orte träumen, ist hier Wirklichkeit: Es gibt keinen Durchgangsverkehr.
Vermutlich ist das der Grund, daß Bissee ein »richtiges« Dorf geblieben ist. So, wie man sich ein Bauerndorf auf dem Lande eigentlich vorstellt.
Rückständig, oder gar »unaufgeräumt« ist Bissee ganz und gar nicht. Im Gegenteil. Man ist in jeder Weise auf der Höhe der Zeit. Es ist ein gepflegter, schöner, kleiner Ort im Eidertal. Aber eben mit diesem echt dörflichen Flair, mit einem Touch von »heiler Welt«. Mit stolzen Bauerngehöften, die nicht mehr alle, aber erkennbar doch manche in landwirtschaftlicher Nutzung sind. Kuschelig reetgedeckt sind viele Gebäude. Das Jungvieh auf der Weide am Eiderhang, direkt auf der Straße mitten im Dorf, schaut neugierig zu, wenn der Chronist die Kamera hebt.

Schmuckes Bauerndorf: Bissee

Haustier-Schutzpark Warder

Nein, nein, es ist kein Zoo oder Tierpark üblicher Art. Im Haustier-Schutzpark Warder liegt die Betonung auf Schutzpark. Ein Tierpark als Refugium für seltene und vom Aussterben bedrohte Haustiere.

Das Credo des Tierparks Warder in eigenen Worten:*

»Kennen Sie Wollschweine? Oder englische Parkrinder, Hissarschafe und die riesigen Poitouesel? Wenn nicht, liegt es daran, daß diese Rassen und andere Haustiere heute sehr selten geworden sind. Viele sind vom Aussterben bedroht; sie sind so selten wie der sibirische Tiger. Ebenso wie bei aussterbenden Wildtieren hinterläßt das Verschwinden von Haustierrassen eine Lükke in unserer Umwelt. Alte Nutztiere, die seit Jahrhunderten auf unseren Bauernhöfen gehalten werden, haben unsere Landschaft geprägt und sind hervorragend an die lokalen Bedingungen angepaßt. Sie sind robust, anspruchslos und winterhart. Ihre Vielfalt sollte im Zuge der heutigen Zucht von wenigen einheitlichen Hochleistungsrassen nicht verloren gehen.

Der Tierpark Warder hat es sich zur Aufgabe gemacht, alte und vom Aussterben bedrohte

Ein Zoo der anderen Art:
Haustier-Schutzpark Warder

Haustierrassen aus ganz Europa in ihrer Vielfalt zu zeigen, zu bewahren und zu züchten.«
Der Besucher dieses Haustier-Schutzparkes kann 1500 Tiere aus 150 Rassen kennenlernen, in tiergerechten Haltungsformen, auf einem landschaftlich wunderschönen, abwechslungsreichen Gelände von 40 Hektar Wiesen und Weiden, erschlossen durch Spazierwege.

Infotafeln klären über Tierart, Rasse und Herkommen auf. Da tummeln sich Angler Sattelschweine, Exmoor-Ponies, französische Rotkopfschafe, Fjällrinder, Walliser Ziegen und - und - und. Aber auch Vögel, Kaninchen, Hühner und Gänse. Es gibt sogar ein komplettes Haus für die bunte Welt der Nagetiere.
Komplettiert wird das Besucherangebot unter anderem durch zwei Streichelgehege und einen Kinderspielplatz, 1000 Quadratmeter Tierschauhaus mit Jungtierabteilungen für den wetterunabhängigen Besuch, Restaurant/Café und Imbiß, Grillplatz für Selbstversorger.
Anschrift: Haustier-Schutzpark Warder,
Langwedeler Weg 11, 24646 Warder.
Telefon 04329-1280. www.tierpark-warder.de

* Zitat aus dem Infoblatt »Haustier-Schutzpark Warder«, herausgegeben von Dr. Jürgen Güntherschulze, Tierpark Warder.

Am Pohlsee

Am Pohlsee

Rechts: Die Pumpe von Nortorf

Zum Kreisgebiet gehören Seen. Große, bekannte wie Westensee und Wittensee. Und kleinere, eher »versteckte«, weniger bekannte wie der langgestreckte Pohlsee. Der kuschelt sich tief in das beidseitig wesentlich höhere Gelände. Die Ufer sind unverbaut. Pluspunkte für die Natur.
Zu entdecken ist der Pohlsee im südlichen Teil des Naturparks Westensee, nördlich vom Brahmsee und von Langwedel.

Die Pumpe von Nortorf

Stadt Nortorf hat sich nach und nach richtig fein gemacht. Mit verkehrsberuhigten innerörtlichen Zonen zum Bummeln und Einkaufen, mit schön gestalteten kleinen Anlagen, Plätzen und Märkten, mit freundlichem Grün und blühenden Blumen, mit Brunnen und mit den Zunfttafeln am Alten Rathausplatz.

Und vor allem mit der gußeisernen Marktpumpe. Ein »Staatsstück« von Handpumpe, übermannshoch, mit einem langen, formschön geschwungenen Schwengel und mit zwei (!) Ausflußstutzen, einem dickeren, einem dünneren. Der dickere ist mit einem Absperrhahn versehen. Eine kleine Infotafel berichtet: Die Pumpe blieb durch eine Spende von August Schönwandt, Kopenhagen, erhalten.

Wieso kümmert sich der Kopenhagener Schönwandt um die Pumpe in Nortorf? Und überhaupt, welche Bewandnis hat es mit dieser Denkmalspumpe? Nachgefragt. Sabine Zeis vom besuchenswerten Nortorfer Stadtarchiv hat prompt geantwortet:

»Zu August Schönwandt. Es gibt mehrere alteingesessene Familien Schönwandt in Nortorf. Gemeinsamer »Stammvater« war Johann Friedrich Schönwandt, geb. ca. 1680, Schmiedemeister in Bordesholm. Sein Sohn Johann Friedrich, geb. 1708 in Bordesholm, ging als Schmied nach Nortorf. Einer der Nachfahren war der Schuster, später ›Landmann und Lohgerber‹ Hans Detlef Schönwandt, geb. am 20.1.1854. Seine Lohgerberei stand direkt vor der Kirche, auf dem Areal, wo sich heute die alte Marktpumpe befindet. Die Gebäude wurden zum Beginn des Jahrhunderts (1904/05) abgebrochen (ein Familiennachfahre vermutet, daß man der Konkurrenz der sich zu dieser Zeit in Nortorf etablierenden zwei Lederfabriken nicht mehr gewachsen war.)

Auch der Sohn August erlebte die ersten Jahre seiner Kindheit, zusammen mit seinen Geschwistern, noch in Nortorf in der väterlichen Lohgerberei. Er zog später nach Kopenhagen.

Die heute als Denkmal erhaltene Pumpe ist vermutlich nach einem Beschluß des damaligen Fleckencollegiums 1907 angefertigt und an Stelle eines älteren Holzvorläufers errichtet worden (Auszug aus dem damaligen Protokollbuch: ›Es wurde beschlossen, auf dem Marktplatz eine neue größere Marktpumpe aufzustellen, und die alte Pumpe auf dem Brunnen Ecke der Großen Mühlenstraße und der Niedernstraße aufzustellen.‹ 1.8.1907.)

Wirtschaft in Nortorf um 1908

Am 25. August 1953 beschloß der Magistrat, die alte Marktpumpe stillzulegen, jedoch nicht abzumontieren, sondern als »geschichtliches Denkmal der Stadt Nortorf« stehen zu lassen. (Ein Jahr zuvor war mit dem Bau des Wasserwerks und der Installation von Wasserleitungen die städtische Wasservervorgung zentralisiert worden.)
Die alte Pumpe wurde restauriert, von ihrem ursprünglichen Platz auf das Areal der ehemaligen Lohgerberei verlegt und mit einem schmiedeeisernen Gitter versehen. Die Kosten (1231,25 DM) übernahm August Schönwandt aus Kopenhagen.
Im Juni 1989 wurde die Pumpe mit einer Gedenktafel versehen.«

»Seit 1907 hat Nortorf Beleuchtung durch Gas. Erwerbsverhältnisse: An gewerblichen Betrieben sind vorhanden 2 Gerbereien, 1 Brauerei, Sägerei, Fleischwarenfabrik (alle mit Dampfbetrieb). Kleinere Betriebe sind Wollspinnerei, Färberei, Käserei. Ferner: 2 Meiereien, 2 Mühlen, 1 Sparkasse, 1 Kreditverein, 3 Filialen von Banken, etwa 15 größere und kleinere Geschäfte, alle Handwerke vertreten. 3 Ärzte, 1 Tierarzt, Apotheke. Größere Zahl von Gasthäusern und Schankwirtschaften. Grundbesitz, Landwirtschaft. Areal des Fleckens 679 Hektar, davon Acker 379 Hektar, Wiesen 128 Hektar, Weiden 121 Hektar (...). Viehbestand 111 Pferde, 284 Rinder, einige Schafe.«

(Aus: *»Topographie des Herzogtums Holstein« von Henning Oldekop, 2. Band, 1908.)*

Ikarus und andere

Ines, 8 Jahre jung, war sich sicher: *»Das ist bestimmt ein Raumfahrtpilot.«* Sorry, liebe Ines, aber diese auffälligste, weil silberglänzende Figur im Skulpturenpark von Nortorf startet nicht per Raumschiff zu fernen Sternen.
Obgleich, so ganz verkehrt war die Einschätzung der Achtjährigen auch wieder nicht. Denn bei dem helmtragenden, sitzenden Aluminiummenschen handelt es sich um Ikarus. So jedenfalls hat Hermann Stehr seinen Aluminiumguß der 2. Fassung betitelt. Ikarus, wie erinnerlich, war jene Gestalt der griechischen Mythologie, die sich mittels kunstvoller Flugvorrichtung in die Lüfte schwingen konnte. Gewissermaßen ein klassischer Ur-Vorfahr heutiger Raumflieger. Leider kam Ikarus mit seinen mittels Wachs befestigten Flügeln trotz väterlicher Warnung der Sonne zu nahe. Das Wachs schmolz, Ikarus stürzte ab.

Im Skulpturenpark von Nortorf (links) ist auch Ikarus gelandet (unten).

Der Ikarus von Nortorf versinnbildlicht das Scheitern des Fliegers: Die Flügel scheinen geschmolzen. Nicht traurig sein, Ikarus, hier im wunderschönen Skulpturenpark bist du bestens aufgehoben (auch wenn du ja damals in die Ägäis gestürzt sein sollst, nahe jener Insel, die - nach dir benannt - bis heute Ikaria heißt).
Der Skulpturenpark Nortorf ist eine gelungene Verbindung gepflegter, parkartiger Landschaft mit Werken von Bildhauerinnen und Bildhauern vornehmlich aus Schleswig-Holstein. Für den Spaziergänger interessant, anregend und erholsam zugleich. »Kunstkenner« muß man dafür nicht sein. Und unterschiedlicher Meinung sein über die verschiedenen gegenständlichen wie abstrakten Objekte darf jeder nach Herzenslust.
Die Bandbreite der Arbeiten reicht von Jörg Plickats »Weiblicher Torso« über »Sich leckender Gepard« von Hans Martin Ruwoldt, bis »Ready Mix« von Ben Siebenrock und Hans-Dieter Schraders »Viereck und Viereck«.
Weil gerade frühes Frühjahr ist, veranstaltet die versammelte Vogelschar ein fröhliches Parkkonzert in allen Zwitscherstimmen. Blühende Krokusse setzen bunte Farbtupfer ins Grün des Rasens.

Die Sache mit Aukrug

Aukrug, *der* Aukrug, ist - erstens - eine alte Landschaftsbezeichnung.
Aukrug ist - zweitens - eine Gemeinde, bestehend aus den »Aukrug-Dörfern« Bargfeld, Böken, Bünzen, Homfeld und Innien.
Aukrug ist - drittens - ein Amt. Zum Amt Aukrug gehören die Gemeinden Arpsdorf, Aukrug, Ehndorf, Padenstedt und Wasbek.
Aukrug ist - viertens - ein Naturpark. Der ist - laut Infobroschüre - 380 Quadratkilometer groß, mit den Gemeinden Hohenwestedt und Aukrug als Mittelpunkt des Erholungsgebietes und zählt 20 weitere Dörfer.

Wanderpfad im Naturpark Aukrug

Was ein Naturpark ist? Der Fremdenverkehrsverein Naturpark Aukrug* und die Tourist-Information Aukrug** haben dazu gemeinsam ausgeführt: *»Das sind besonders reizvolle Gebiete, die von jeder industriellen Ansiedlung freigehalten werden, um eine unberührte Landschaft als Quelle echter Erholung anbieten zu können.*

* Telefon 04873-90203
**Telefon 04873-99944

Der Name Aukrug ist nach dem Namen der Gemeinde gewählt, die in dem reizvollsten Teil des Naturparks liegt und den natürlichen Mittelpunkt bildet.«

Nur aus purer Natur besteht auch der Naturpark Aukrug nicht. Tennisplätze, weitere Sport- und Freizeitanlagen, Golfplätze, Freibäder und Segelfliegen mit Gästen sind nur einige der »sonstigen« Angebote für Urlauber und Tagesgäste. Wer will, kann »hoch hinaus« kommen. Auf den Boxberg. Der bringt es auf die für schleswig-holsteinische Verhältnisse beachtliche Höhe von 77,5 Metern.

Landschaft im Aukrug und Aukrug-Blüte

Die Bezeichnung »Naturpark« ist keinesfalls zu verwechseln mit dem Begriff »Naturschutzgebiet« bzw. Landschaftsschutzgebiet.

Diese Gebiete dürfen dann ja nur auf bestimmten Wegen unter Einhaltung strenger Schutzbestimmungen betreten werden.

Unser Naturpark Aukrug ist auch nicht ein Park im Sinne eines Naturparks, sondern vielmehr eine natürliche, von kleinen und größeren Waldgebieten sowie grünen Weideflächen durchsetzte, durch Moore, Heide und kleine Auen gekennzeichnete, reizvolle Landschaft.

Mitten im Aukrug: Bildungszentrum Tannenfelde

Bildungszentrum Tannenfelde.* Mitten im Aukrug liegt es, eingerahmt von Wald bis an die Haustür - wortwörtlich. Eine Pracht ist es, wenn im Juni der gelbe Ginster blüht, unmittelbar am Hang an der Rückseite des Gebäudes. Bei schönem Wetter zieht manches Seminar zum Weiterlernen nach draußen - direkt ins Grüne oder auf die Terrasse. Das Logo des Bildungszentrums ist das Symbol der stilisierten Tanne. Logisch.
Bildungszentrum Tannenfelde ist eine Einrichtung der »Studien- und Fördergesellschaft der Schleswig-Holsteinischen Wirtschaft e.V.«**
»Der Verein ist die organisierte Zusammenfassung und Vertretung aller Zweige der schleswig-holsteinischen Wirtschaft mit dem Ziel der Erhaltung und Stärkung der schleswig-holsteinischen Wirtschaftskraft...« So steht es in der Satzung.
Rund 300 Unternehmer bekunden durch ihre Mitgliedschaft und durch ihre Mitarbeit in der Gesellschaft, daß sie sich mit dieser Zielsetzung identifizieren. Zu den Mitgliedern gehören Unternehmen aller Größenordnungen, Branchen, Regionen.
Eine Einrichtung der Unternehmen also. Frage: »Werden im Bildungszentrum Tannenfelde nur Unternehmer geschult?« Der Geschäftsführer, Diplom-Volkswirt G. Heiner Spönemann antwortet lächelnd: *»Aber nein. Mit jährlich über 500 Seminaren und als eine der größten, staatlich anerkannten Weiterbildungseinrichtungen in Norden sind wir offen für alle.«*
Die Seminarprogramme 2000 - 135 Seiten umfangreich - bestätigen diese »Offenheit für alle« überzeugend. Da sind Seminare im Angebot unter anderem für Unternehmer, Führungskräfte und Führungsnachwuchskräfte, für Sachbearbeiter, Meister und Meisteranwärter, Vorarbeiter, Personalleiter, Mitarbeiter der Aus- und Weiterbildung, Mitarbeiter der öffentlichen Verwaltung, Betriebsratsmitglieder, Mitarbeiter des Sozialwesens, Sekretärinnen, Pressereferenten, Ingenieure, Techniker, Pastoren, Journalisten, Auszubildende, Offiziere, Lehrer, Studenten, Schüler und... und... und.
»Die gesamte Bildungsarbeit von Tannenfelde«, sagt Geschäftsführer Spönemann, *»beruht auf zwei Säulen: berufsbezogene Weiterbildung und gesellschaftspolitische Bildung.«*
In der Regel finden 2- bis 3-Tages-Seminare statt. Ein Hotel mit 52 Einzelzimmern gehört ebenso

zu Tannenfelde wie ein Restaurationsbetrieb. Vollpension ist also möglich.
Die Seminare von Tannenfelde werden in Unternehmen und von Teilnehmern unisono als besonders effektiv beurteilt. Und auch das ist oft zu hören: *»Das Essen ist große Klasse.«*

* Anschrift: Bildungszentrum Tannenfelde, Postfach 5, 24611 Aukrug.

** Studien- und Fördergesellschaft der Schleswig-Holsteinischen Wirtschaft e.V., Adolf-Steckel-Str. 17, 24768 Rendsburg.

Selbst mit Lokalpatriotismus läßt sich der Kreis nicht als waldreich bezeichnen. Trotzdem ist der nächste Wald (oder das nächste Wäldchen) stets in Entfernung einer gemütlichen Fahrradtour erreichbar. Weil sich Waldstücke wie »ausgestreut« über die gesamte Region verteilen, kommt ein Gefühl von Waldarmut gar nicht erst auf. Zum erholsamen Waldspaziergang reicht es allemal. Im Süden des Kreises mehr, im Norden etwas weniger.

Bildungszentrum Tannenfelde

Der Wasserturm von Remmels

Grundstückstausch im Jahre 1200. Das Kloster Neumünster tauschte mit Nanno von Bucken einen Acker in »Ramesloh« gegen einen anderen in Einfeld. Die Sache ist urkundlich belegt. »Ramesloh« ist das heutige Remmels. Es ist die erste belegte Erwähnung dieses Dorfes nördlich von Hohenwestedt. So feierte man im Milleniumjahr 2000 das 800jährige Bestehen des kleinen Ortes.

Ehemals war Remmels höchst bedeutsam wegen der Poststation, die hier 1764 eingerichtet wurde. Die Hohenwestedter hatten sich gegen diese »Relaisstation« auf dem Wege zwischen Itzehoe und Rendsburg entschieden. Die zukunftsorientierten Leute in Remmels nahmen des Angebot gern an. Wirtschaftlicher Aufschwung war die Folge. Im Jahr 1799 gehörten zur Poststation sechs Wagen, 20 Pferde und sechs Knechte. Reichte diese Ausstattung nicht aus, mußten die Bauern des Dorfes einspringen. Gegen Bares, versteht sich.

Die königliche Postordnung vom 28. Mai 1772 war zu beachten. Postillons der *»ordinären und der extra Post«* hatten behutsam zu fahren, damit die Reisenden keinen Schaden nehmen. Trotzdem sind Kutschen auch umgeworfen worden – mit den Straßenverhältnissen stand es nicht zum besten.

Zukunftsweisend denken und handeln war auch weiterhin in Remmels angesagt. Zum Beispiel im Jahre 1911 mit dem Bau der Wasserleitung. Die wurde von einem dafür in der Ortsmitte errichtetem Wasserturm gespeist.

Heute ist der Wasserturm außer Gebrauch. Aber nach wie vor das schöne Wahrzeichen von Remmels.

Dünenlandschaft

Dünenlandschaft? Da fällt einem die Nordsee ein mit Sylt oder St. Peter-Ording. Aber Dünen hier, mitten im Land, bei Nienkattbek?
In der Tat, die Nienkattbeker Schweiz ist eine richtige, schöne, kurzbuckelige Dünenlandschaft. Mit aufgewehten Dünenhügeln und Dünentälern. Und - wie an »angeschnittenen« Hügelhängen gut erkennbar - bestehend aus hellem, feinstem Dünensand.
Weil es wohl schon ein paar tausend Jahre her ist, daß diese Dünenwelt entstand, sind die Buckel, Hänge und Täler inzwischen bewaldet. Vor allem mit dünensandverträglichen, oft knorrig gewachsenen Kiefern.

Links: Der Wasserturm von Remmels

Krumm wachsen manche Kiefern in der Nienkattbeker Schweiz - kein Wunder, wenn sie auf Sanddünen stehen wie dieser.

Eine eigenartige, reizvolle Binnendünenlandschaft.
Und so findet man hin: Von der B 77 auf der Höhe Jevenstedt abfahren. Weiter auf der Kreisstraße 66 Richtung Nienkattbek. Kurz hinter Nienkattbek links ab, bis zum Waldrand. Da hineinspazieren. Die Topographische Karte TK 1724, Maßstab 1:25000, Normalausgabe, des Landesvermessungsamtes Schleswig-Holstein, ist hilfreich. Die Nienkattbeker Schweiz und die Binnendünen im Wald sind in der Karte eingetragen.

Wildes Moor

»Schaurig ist es, über's Moor zu gehen...«
So sehr schaurig nun auch wieder nicht. Jedenfalls nicht an diesem hellen, sonnigen Maitag, an dem frühlingsgrüne Birken in leichter Morgenbrise ein freundliches Willkommen wedeln und ein Kuckuck unermüdlich seinen Namen ruft. Dennoch, ein richtiges Moor ist eine Landschaft besonderer Art, für phantasiebegabte Menschen noch immer mit leichtem Gruseleffekt. Besonders das Wilde Moor*, das seinem Namen noch Ehre macht, auch wenn sich mehr und mehr Birken angesiedelt haben. Links und rechts des trittfesten Mittelweges gibt es viele abgetorfte Moorkuhlen. In manchen steht moordunkles, in der Sonne blinkendes Wasser. Andere sind »scheinbar« überwachsen. Von diesen Stellen hält sich der unerfahrene Moorwanderer besser fern. Unsere Ur-Ur-Vorfahren, etwa zur Zeit der »alten Germanen«, haben ihre besonders schlimmen Frevler nach erkannter Todesstrafe im Moor versenkt. War auch das Wilde Moor eine solche Sühnestätte? Nicht daran denken, sonst gruselt es einem wirklich.

Im Wilden Moor

Unwillkürlich muß man daran denken, wie alt dieses Moor wohl ist. Und ob es weiterhin erhalten werden kann. Damit auch unsere Kinder, Enkel und Ur-Enkel noch ein »richtiges« Moor erwandern und erkunden können.

* Das auch in amtlichen Landkarten als »Wildes Moor« bezeichnete Gebiet liegt südlich von Osterrönfeld, östlich von Schwabe, westlich von Bokelholm. Anfahrt günstig über die Ortschaft Schwabe, knapp östlich der B 77 zwischen Rendsburg und Jevenstedt.

Unsere Väter, Großväter, Urgroßväter und viele Generationen davor haben im Moor auf Torf gegraben. Torfsoden waren das bevorzugte, oft einzige Brennmaterial. Hier im Wilden Moor sind die zumeist rechteckigen Torfstiche gut zu erkennen. An ihren Rändern steht der dunkelbraune Torfboden an. Es sind fast ausschließlich kleine Torfstiche, mit dem Torfspaten in knochenharter Handarbeit abgegraben. Dazwischen stehen höhere, unberührte Flächen.

In Hanerau-Hademarschen

Drei Landstraßen durchqueren den Ort. Zu den besonders stark frequentierten Fern- und Transitstraßen gehören sie offenbar nicht. An diesem sonnigen Apriltag - ein Werktag - herrschte in Hanerau-Hademarschen jedenfalls um 13.30 Uhr Mittagsruhe total. Leere, stille Straßen. Eine geradezu idyllische Atmosphäre.

Die rechte Zeit für einen geruhsamen Ortsspaziergang. Das Heimatmuseum hat - laut Aushang - nur an bestimmten Tagen im Jahr geöffnet. Der heutige Tag gehört nicht dazu. Das kleine Museumsfreigelände hinter dem Gebäude ist trotzdem zugänglich. Ein hölzerner Kastenwagen, eine Kartoffelrodemaschine der 1. Generation, Ein- und Zweischaarpflüge erinnern an Landwirtschaft gestern.

Motive aus Hanerau-Hademarschen

Wie auch, mitten im Ort, unter einem prächtigen, solitär stehenden Baum, eine niedrige Bank. Keine Sitzbank. Hier wurden einst die großen Milchkannen des landwirtschaftlichen Betriebes aufgereiht, damit der »Milchwagen« sie mit zur Meierei nehmen konnte, sie auf dem Rückweg wieder abstellte. Auf der Stalltür des zugehörigen Hofes ist die »Rückfront« einer Kuh mit strammem Euter aufgemalt. Dieses Gemälde ist problemlos deutbar.

Weiter gebummelt.

Das weiße, zweistöckige Reetdachhaus dort, mit Fachwerk und kleinen Fenstern oben, mit sechs-

Hier gehts zur Milchtankstelle!

fach geteilten, hohen Sprossenfenstern unten, war einst das »Vorzeige«-Wohnhaus eines landwirtschaftlichen Betriebes. Wohl nicht der armen Sorte.

Die kleinen, noch ruhigeren Nebenstraßen. Einige ältere Reetdachhäuschen, viele neuere Einfamilienhäuser. Der Garten gehört immer dazu. Alles ist adrett und richtig gemütlich.

Wieder zur Hauptstraße. Inzwischen ist es 15.00 Uhr und Hanerau-Hademarschen aus der Mittagspause zurück. Jetzt herrscht hier wieder »Leben«, Einkaufsleben vor allem. Aber keine Hektik und Hast.

Im Hanerauer Park sitzt - zum Denkmal geworden - der gealterte Theodor Storm auf der Bank. Hanerau-Hademarschen wählte der Dichter von 1880 bis zu seinem Tode 1888 zu seinem Alterswruhesitz. Hier entstand sein bekanntestes Werk: »Der Schimmelreiter«.

Aktuell bekannt ist die einzige Landfrauenschule des Landes - Fachschule ländliche Hauswirtschaft. Auf der »Grünen Woche« in Berlin werben die Schülerinnen als die durch Funk, Fernsehen und Presse berühmten »Blaumeisen« nicht nur für ihren Schulort Hanerau-Handemarschen sondern für das gesamte Land zwischen den Meeren.

Schlußendlich: Hanerau-Hademarschen ist Sitz der Amtsverwaltung mit 11 zugehörigen Gemeinden.

Die »SF 80« fährt nicht mehr

Ausgediente, ausrangierte Schiffe werden normalerweise abgewrackt, verschrottet. Die Kettenfähre »SF 80« wurde bereits am 21. Februar 1991 außer Dienst gestellt, hat aber »überlebt«, wurde nicht per Schneidbrenner in transportable Stücke zerlegt. Dort, wo sie einst Dienst tat, an der Fährstelle Fischerhütte am Nord-Ostsee-Kanal, hat man die Kettenfähre an Land gehievt. Und auf ein paar kleine Betonpfeiler gestellt. Damit der interessierte Besucher dieses technische Denkmal nicht nur von links und rechts und an Oberdeck sondern auch von unten besichtigen kann. So nämlich läßt sich erkennen, wie das einst funktioniert hat, mit dem Kettenzug der Fähre, Kanalbreite hin, Kanalbreite her. Noch möglichst lange soll die »SF 80« zwar stumm und doch beredt von vergangenen, aktiven Kettenfährzeiten berichten. Deshalb wird das

Schiff fein unter Farbe gehalten. Auf daß der Rost nicht nagend den Schneidbrenner ersetzt. Selbst das Beiboot, festgelascht an Deck, ist frisch gepönt.

Auf einer Infotafel sind technische Daten vermerkt:

Länge über alles:	23,52 m
Breite über alles:	9,06 m
Gesamtgewicht:	90,00 t
Größter Tiefgang:	0,92 m
Größte Tragfähigkeit:	35,00 t

Die höchstzulässige Nutzlast, so ist es am Decksaufbau noch nachzulesen, betrug 20 Tonnen, die höchstzulässige Personenzahl 48. Das Bauschild in Bronzeguß ist auch erhalten. Der Text: »Erbaut Staatswerft Rendsburg-Saatsee. Baujahr 1950«. Die »SF 80« war die letzte im Einsatz befindliche Kettenfähre. Heute sind die Kanalfähren freifahrend.

Verbindung

Der Nord-Ostsee-Kanal durchschneidet das Land. Fähren, ein Tunnel und Brücken verbinden es wieder. Beispiel: die Eisenbahn- und Straßenhochbrücke Grünental, 405 Meter lang, 1983/86 in Stahlbau neu errichtet. Lichte Durchfahrtshöhe für den Schiffsverkehr 42 Meter. Kompliment den Brückenarchitekten. Ihr Werk ist nicht nur funktional sondern mit seinen klaren Linien auch schön.

Die Eisenbahn- und Straßenhochbrücke Grünental

Links:
Trägt keine Last und fährt keine Passagiere mehr: Die alte Fähre von Fischerhütte.

Farbenpracht

Nicht jeder Tag im sogenannten »Goldenen Oktober« ist wirklich golden. Auch Regen muß sein. Aber dann kommt es doch, das stabile Herbst-Hoch, parkt exakt über Wittensee-Mitte und verzaubert die Natur im gesamten Landkreis mit goldenem Oktoberlicht und Oktoberfarben. Die braune, rote, gelbe, goldene Herbstfärbung des Laubes mit allen feinen farblichen Abstufungen und Nuancen dazwischen im Sonnenlicht eines absolut klaren Oktobertages ist Farbenpracht total. In der verschwenderischen Fülle der Natur.
Jedes Jahr erneut.

Am Gieselaukanal

Schleuse am Gieselaukanal

Die großen und selbst die mittelgroßen Straßen sind weit entfernt. Es ist wahrlich eine »versteckte Ecke«, hier am schmalen, nur 2,8 Kilometer langen Gieselaukanal, der Eider und Nord-Ostsee-Kanal verbindet. Die Gieselauschleuse, auf halber Kanalstrecke, gleicht unterschiedliche Wasserstände im Nord-Ostsee-Kanal und in der Eider aus. Es ist eine Einkammerschleuse, 70 Meter lang, 10 Meter breit, fast nur noch von Sport- und Freizeitbooten genutzt. Eine Portalbrücke ermöglicht auf schmaler Straße den Landverkehr hinüber und herüber.

Drüben, auf dem niedrigen Deich, läßt es sich im grünen Gras gut sitzen. Ein Platz zum Schauen, zum Träumen, zum »Seele-baumeln-lassen!«

Wo der Klapperstorch noch klappert

Die Störche von Oldenbüttel

Früher hatte fast jedes Dorf, das auf sich hielt, mindestens ein besetztes Storchennest. Einige Dörfer konnten sogar eine ganze Anzahl hoch oben auf Dächern, ausgedienten Kaminen und Masten vorweisen. Damit der Storch sich auch gern bei ihnen einrichtete, haben die Leute hölzerne Wagenräder oder ähnlich »tragfähige Fundamente« für den Nestbau auf Dächern und Masten befestigt.

Heute ist der Storch aus den meisten Dörfern verschwunden. Kanalisierte Gräben, entwässerte Wiesen, trockengelegte, ehemalige Feuchtgebiete haben seine Nahrungsgrundlage drastisch eingeschränkt.

Aber in einigen Dörfern klappert der Storch, der bekannte Kinderbringer, doch noch. Zum Beispiel in Oldenbüttel*, wo vor dem Gasthof Gosch Ehepaar Adebar die Nestbauhilfe auf hohem Mast dankbar angenommen und ein komfortables Nest gebaut hat. Mit Spatzen als Untermieter. Ende April haben Herr Storch und Frau Storch mit hochgerecktem Schnabel mächtig geklappert. Namensgerecht: Klapperstörche. Anschließend widmeten die beiden sich mehrfach der Liebe. Gut so! Storchennachwuchs muß sein.

Vielleicht wird der Bestand langsam wieder größer. Die Menschen haben nämlich dazu gelernt und führen manchen Bach, manches Flüßchen, manches Niederungsgebiet in seinen ursprünglichen Naturzustand zurück. Storch sagt Dank!

* Beobachtungen im Jahr 2000

Quer durch den Kreis: die Eider

Die Eider bei Breiholz

Die Eider. Dem Fluß hat man immer wieder arg zugesetzt. Erst durch den Bau des Eiderkanals, dann durch den Nord-Ostsee-Kanal. Da wurde begradigt, kanalisiert, umgeleitet, abgeschnitten und was dergleichen Dinge mehr sind wider einen von der Natur gestalteten Flußlauf.

Aber ein Fluß ist zäh, läßt sich nicht unterkriegen. Und so fließt die Eider vom Bothkamper See bei Bissee kommend, weiter quer durch den schönen Kreis Rendsburg-Eckernförde. Mal still für sich, mal als Kanalstrecke, mal behäbig durch den Westensee. Anfangs, im Eidertal bei Brügge noch als schmales Flüßchen. Später, auf Höhe Breiholz, angewachsen und zum stattlichen Fluß geworden – der größte Schleswig-Holsteins.

Westlich von Breiholz, dort wo Gieselaukanal und Eider zusammengehen, wechselt der Fluß die Richtung: Kurs Norden. Jetzt als Grenzfluß zum Nachbarkreis Dithmarschen. Bei Hohnerfähre verabschiedet sich die Eider – wieder westwärts fließend – vom Kreisgebiet, in Richtung Nordsee.

Höchst notwendige Schlußbemerkung

Der Autor - ein Kieler und im Kreisgebiet, in Altwittenbek wohnhaft - ist zu allen Jahreszeiten durch den Kreis Rendsburg-Eckernförde gewandert und gefahren, hat oft auch »Station gemacht«. Er hat notiert und fotografiert, was ihm typisch erschien für Land und Leute, heute und gestern. Dazu gehören nicht nur touristische »Highlights« sondern auch die »kleinen Dinge am Rande«. So hat sich - hoffentlich - ein informativ-unterhaltsames Kaleidoskop über diese vielseitige, schöne Region zusammengefügt. Allerdings war Vollständigkeit weder möglich noch beabsichtigt. Problemlos könnten in gleicher Form weitere Bände über den Kreis Rendsburg-Eckernförde gestaltet werden - ohne sich zu wiederholen. Verlag und Autor bitten deshalb um Verständnis, wenn in diesem Buch (zwangsläufig) »etwas fehlt«.

ANHANG

Orts- und Sachregister

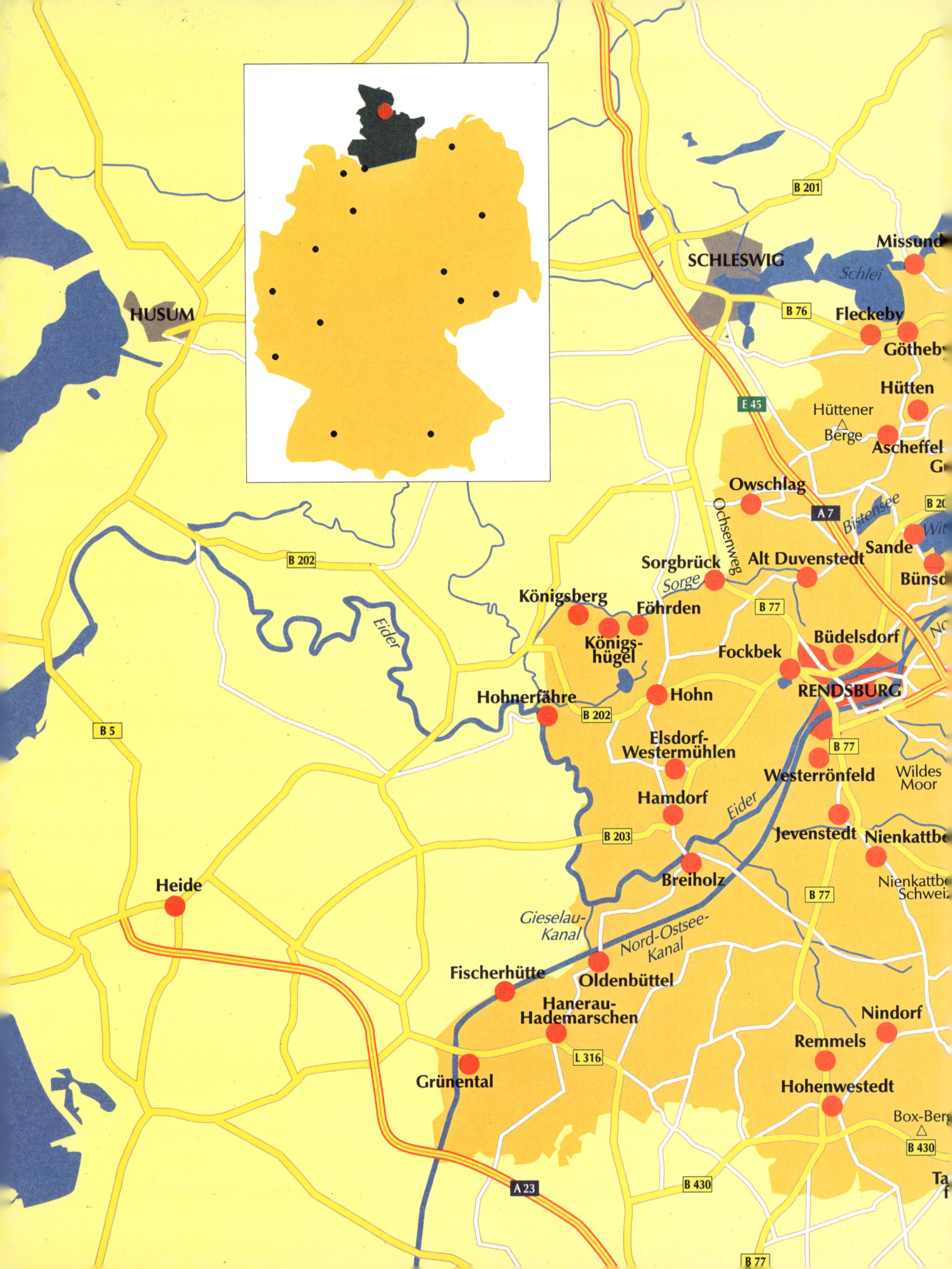

SCHLESWIG
Missund
Schlei
HUSUM
B 201
B 76
Fleckeby
Götheby
Hütten
Hüttener
Berge
Ascheffel
E 45
Owschlag
A 7
Bistensee
B 20
Sande
Büns
Alt Duvenstedt
Sorgbrück
Sorge
Ochsenweg
B 202
B 77
Königsberg
Föhrden
Königs-
hügel
Eider
Büdelsdorf
Fockbek
RENDSBURG
Hohnerfähre
Hohn
B 202
B 5
Elsdorf-
Westermühlen
B 77
Westerrönfeld
Wildes
Moor
Hamdorf
Eider
B 203
Jevenstedt
Nienkattb
Breiholz
Nienkattb
Schwei
Heide
B 77
Gieselau-
Kanal
Nord-Ostsee-
Kanal
Oldenbüttel
Fischerhütte
Hanerau-
Hademarschen
Nindorf
Remmels
L 316
Grünental
Hohenwestedt
Box-Berg
B 430
A 23
B 430
B 77